TraFST
横幹
〈知の統合〉
シリーズ

価値創出をになう人材の育成

コトつくりとヒトつくり

横幹〈知の統合〉シリーズ
編集委員会 編

東京電機大学出版局

横幹〈知の統合〉シリーズの刊行によせて

〈知の統合〉は，分野を横断する科学技術を軸に，広範囲の学術分野が連携して，人間・社会の課題に取り組んでいこうとする活動のキーワードです．横断型基幹科学技術研究団体連合（略称：横幹連合）の主要な活動を表すキーワードでもあります．

横幹連合は，文理にわたる学会の連合体です．そこでの活動では，「横断型の基幹科学技術とは何か」，「どのような課題に向けて取り組んでいこうというのか」，「どのようにして課題解決をはかろうというのか」が問題となります．この三つをつなぐキーワードが〈知の統合〉です．

「知」は科学技術という形で積み上げられ，それぞれの個別分野を形作り，それぞれが対応する人間・社会の課題を解決してきました．では，現代の人間・社会における課題に取り組むとき，なぜ〈知の統合〉がキーワードとなるのでしょうか．これが，本シリーズのテーマです．

科学技術では，それぞれの分野が対象とする守備範囲が，時代を経て，だんだん小さいものになっています．いわゆる科学技術の細分化です．これは，個別の科学技術の深化にともなっての成り行きです．一方，個別の科学技術が関わらなければならないそれぞれの問題の範囲は，だんだん大きくなっています．人間・社会での課題が複雑化し，いろいろな問題が相互に関連し始めた結果です．

個別の科学のほうの対象範囲がだんだん小さくなって，一方で扱うべき問題の範囲がだんだん大きくなって，どこかで交差して，対応すべき個別科学が破綻をして，そして，科学の再構築が行われてきました．これが，歴史上の「科学革命」です．

17 世紀の第一の科学革命では，物理，化学（の原型）が，対象としていた自

然現象を説明しきれなくなって破綻して，数学の力を借りた科学の再構造化という革命をもたらしました．19世紀の第二の科学革命では，それまでは"術"であった工学や生産の科学がものの加工，すなわち物質の変化を説明できなくなり，また，破綻しました．20世紀の第三の革命では，広い意味での経営や最適化，すなわちシステムを扱う科学技術が実社会の動きの仕組みを説明できなくなり破綻して，革命をもたらし，情報を軸にした新しい科学を生み出しました．

　おそらく21世紀では，環境問題も含めて，人間の生活に伴う，一見ばらばらに見えるあまりに多様な諸問題を，多様な科学が個別に対応しようとし，そして破綻を迎えつつあるように思えます．それに対抗するには，幅広いさまざまな分野が，その垣根を越えて横に手を結ぶということが重要です．しかし，そこでは，手を結ぶことによって協働で共通課題を解決するということ以上のものを志向することが大切です．

　すなわち，科学技術を寄せ集めても本質的な解決には至らないからです．ここに，課題解決型の活動の落とし穴があるように思えます．多様な諸問題の根底にあるものを見据えるための科学の創生が必要なのです．それは，細分化された知を統合する「新しい知の創生」，すなわち，「統合知」の創生です．

　それとともに，「知を利用するための知」の確立と整備も併せて志向することが重要です．

　やがて，人間・社会・環境を扱う科学（技術）にとって，第四の科学革命が必然になります．そこでの科学技術の再構築を担うのは，この「知を利用する知」としての機能を内包する科学を基盤とした，人間や社会の課題の根底を見通すための〈知の統合〉です．

　本シリーズでは，それぞれ，現代の人間・社会の課題を見据えたうえでの，〈知の統合〉のあり方を具体的に論じます．本シリーズを通して，身近な科学技術が現代の人間・社会の新しい問題に対応して，21世紀の今後どのように展開していくのかを，読み取っていただければ幸いです．

横断型基幹科学技術研究団体連合

第3代会長　出口光一郎

はじめに

「グローバル人材」「国際競争力」という言葉がもてはやされている．文部科学省の「グローバル COE プログラム」などさまざまなグローバル人材育成事業が展開されている．そこで求められている「グローバル人材」とはどのような人材だろうか．

その一つの解答として，横幹連合（横断型基幹科学技術研究団体連合）の活動に基づく横断的・学際的・国際的研究の導入を紹介する「横幹〈知の統合〉シリーズ」の中で本巻では，『価値創出をになう人材の育成——コトつくりとヒトつくり』と題し，知の統合を体現・実践する横断型人材（横幹人材）の育成法についてさまざまな取り組み・考え方を紹介する．

横幹連合発足時より，横断型基幹科学技術教育に関する調査研究会を始まりに，2 年ごとに更新しながら調査研究会（現 横断型人材育成プログラム調査研究会）として活動を続けてきたメンバーにより，これまでの成果とそれぞれの活動の一部をまとめたものである．調査研究会発足の趣旨は以下のとおりである：

> 科学技術が人間，社会，環境などとの関わりをもつようになり，単一の専門分野では困難になりつつある多くの課題解決や，革新的なイノベーションの創出には，従来の伝統的な学問分野の壁を越えた分野横断のアプローチが必要となる．そのためには，個々の学術・技術分野にとらわれることなく，異分野の知と積極的に連携し，俯瞰的な視点からアプローチしていくことが望まれる．産業界でも，これまでのものづくりから新しい価値やサービスの創出が課題となっており，これらを背景とした横断型・融合型の視点に立って将来課題に取り組む人材育成が緊急の課題となっている．

これと相前後して，人材育成について，さまざまな新たな活動が行われるようになった．

国際的に通用するエンジニア育成を最終ゴールとして，技術者教育にもそのための質保証の裏付けを与えるために，日本技術者教育認定機構（JABEE；Japan Accreditation Board for Engineering Education)[1]が1999年11月に設立され，大学などの高等教育機関で実施されている技術者教育プログラムの審査・認定を2001年から開始した．また2004年からは国公私立のすべての大学，短期大学，高等専門学校が，定期的に，文部科学大臣の認証を受けた評価機関（学位授与機構，大学基準協会など）による評価（認証評価）を受ける制度が開始した．また，日本学術会議では，大学教育の分野別質保証のための教育課程編成上の参照基準を作成し，2016年現在，24学問分野について公表している[2]．主要な30程度の分野を予定しており，「学際的・複合的な教育課程については当該課程を構成する「元となる分野」の参照基準を柔軟に組み合わせて活用」することが想定されているようである．

産業界では，平成13(2001)年に日本工学教育協会がJABEE発足に際して行った「技術者教育の外部認定制度に対する産業界の意識とニーズに関するアンケート」の結果が参考になる[3]．縦型の10分野（電気・電子・通信系，情報処理系，機械系，土木系，建築系，化学系，材料系，資源・電力・エネルギー系，農業・農業土木系およびその他）からの計528名の技術者は，今後10年間の技術に関する変化について以下の5項目を重要と回答した．

1. 地球環境問題対応技術の重要性の拡大
2. 情報ネットワーク関連技術の高度化と重要性の増大
3. 人間科学・生命科学を取り入れた一層のハイテク化
4. 技術と社会科学の融合
5. 物作り技術から社会ソリューション創出技術への移行

また，以後重要となってくる技術者の一般的な資質として，「コンセプト力（自己の技術と専門外の技術を統合し新しい価値を創出する能力）」「チャレンジ精神」

「問題発見能力」「視野の広さ，発想の広さ，豊かさ」が挙げられている．これは21世紀初頭のアンケート結果であるが，経団連が最近相次いで公表したグローバル事業を担う人材としての「グローバル人材」についてのアンケート結果[4][5]と比較して大きな違いがないことが興味深い．経済産業省では三つの能力（12の能力要素）から構成される「社会人基礎力」[6]を提唱している．また研究会メンバーの星（教育テスト研究センター）により21世紀ジェネリックスキルの国際評価[7]が紹介されている．

調査研究会では，育成すべき横断型融合型人材のコンピテンシーとして

(A) 現象やモノと直接向き合い，本質を見極めるモデリング・解析能力
(B) 専門性にとらわれることなく，異分野の知識を積極的に統合化し問題解決を図れる能力
(C) 将来の国際動向を見据えた目標や構想を設定し，総合的な視点から先見性のある意思決定ができる能力
(D) 個別のプロジェクトから一般化・普遍化の方法論を探求する能力
(E) 異分野の技術者と共同できる十分なコミュニケーション能力やプレゼンテーション能力
(F) リーダシップ，人脈ネットワーク，人材配置などのコーディネーション能力

を多数の関係者へのヒアリングをもとに抽出した．それらの活動成果については，会誌ミニ特集[8]として公表した．

本書では，これらの活動や研究会での議論を踏まえ，以下のメンバーが各章で横断型人材育成への思いを述べている．章立ては，JABEEはじめ教育プログラム認定の標準となっている，PDCA（Plan/Do/Check/Act）の順番とした．

社会インフラ研究センター・旭岡叡峻氏は「知の統合」が価値の源泉であり，「統合知」構築の戦略とそれを展開する人材について述べている（第1章）．東京大学・古田一雄氏は氏の所属するプログラムで展開している横断型人材育成としてのレジリエンス工学教育を紹介している（第2章）．中央大学・庄司裕子氏はソフト

ウェア開発において統合知を用いて曖昧さをうまくハンドリングして価値創造できる人材育成について述べている（第3章）．名古屋大学・山本修一郎氏は横幹知とは何か，横幹知の理論と工学，さらに氏の大学における講義事例を紹介している（第4章）．文教大学・長田洋氏は統合知により課題を解決する科学的な方法について解説している（第5章）．北陸先端科学技術大学院大学・神田陽治氏，総合研究大学院大学・西中美和氏は一つに統合された研究科で新たに開始した知識科学的方法論の展開によるイノベーション創出人材の育成プログラムを紹介している（第6章）．産業技術大学院大学・川田誠一氏は氏の大学で実施されているPBL型学習で統合知を獲得するという横断型人材育成の実例を紹介している（第7章）．最後に，慶應義塾大学・白坂成功氏はSDM研究科で展開しているシステム統合知の実践による人材育成について報告している（第8章）．

　なお，古田氏，川田氏，白坂氏が紹介しているプログラム実施例については，その卒業生によるプログラム評価が研究会オーガナイズド・セッション[9]で紹介されたが，いずれも高い評価であったことを付記する．

　2016年10月

　　　　　　　　　　　　　　　　横幹〈知の統合〉シリーズ編集委員会
　　　　　　　　　　　　　　　　　　　　委員　本多　敏

目　次

第 1 章

「知の統合」が価値の源泉

──「統合知」の戦略とその展開人材

旭岡　叡峻

1. はじめに

　社会課題は，地球規模の課題（気候・環境，エネルギー，食糧，水，希少資源，人口増大など），世界の課題（国際協調と競争，テロ脅威，成長と格差，地域紛争，社会インフラの構築，リスクの拡大，金融と実体経済の複雑化，高齢化，科学技術の進展と人間の共生，価値観の相違と共生など），日本の課題（経済成長，高齢化社会，財政負担，都市化集中，地域創生，技術の進展と情報リテラシーなど）のように多様化し，複雑化し，社会価値を実現するためのグローバルな産業／事業環境も，きわめて大きな変化を余儀なくされている．またそれぞれが，密接で複雑な相互関係を築いている．この「大転換」ともいうべき時代の諸課題の解決には，専門的な知識だけではなく，「統合知」で取り組むべき時代になっている．それも一企業だけではなくいくつかの企業が連携し，さらにいくつかの産業にまたがる知の統合が必要な時代に突入している．従来の専門分野の知識のみでなく，新たな知見を随時組み込み多様な分野の知を統合した「統合知」が不可欠の時代になっているのである．

2. 「知の統合」を基盤とする産業／事業モデルが価値の源泉

　国家経営や産業経営は，未来の課題解決，新たな社会価値の創造を行うことであり，これまでの蓄積された専門知（自然科学，社会科学）を応用し，融合し，統合することによって，はじめて可能になる．では，今なぜ統合知が基盤になったかといえば，前述したようにさまざまな課題が複雑化し，相互関係を深くしているとともに，テクノロジーが進化し，解決ツールとしての役割を果たしていることにある．

　従来の専門知も，他の領域からの影響を受けて変化し，より深くなることで，知識の価値は高まる．この専門知の組み合わせで，製品やシステム，ソフトやサービスといった産業／事業の価値が実現されてきた．

　しかし，今やIoT，人工知能，ロボットなどの新たな技術やソフトの高度化が，産業パラダイムに変革をもたらし，クラウドコンピューティング，クラウドファンディング，フィンテックなど業務方法の革新ももたらしている．その根底には，専門知の深まりとともに，統合知を抜きにしては考えられない事業環境が形成されつつある．

　産業構造の変化，社会インフラの変化，新しい対象顧客に対応する価値創造を実現する商品やシステムなどの創出は，従来の知識のみでなく新たな知識を付加することによってしか実現されない．

　つまりあらゆる社会構造に統合知は不可欠になってきている．

　筆者はこれを「知識産業革命」ともいうべき時代として位置付け，その構造を「戦略機能」の実現の時代転換と考えている（図1-1）．

　「戦略機能」とは，検索，可視化，最適化，正確な位置，正しい迅速な認識，監視，高速処理，遠隔処理，立体画像表示，相互連携，予防／予測，過誤防止，行動分析などで，従来では実現不可能だった機能が，技術，素材，部品，ソフトの深化と相まって可能になり，これが価値の源泉となってきた．この戦略機能を実現するためには，これまで以上に「知の統合」は不可欠の要素なのである．

　この知識産業革命時代の「知の統合」実現競争は，①一企業内の枠を超え，

②従来の産業の枠を超え，③常識の枠を超えて，新たなブレイクスルー（突破型，飛躍型）が必要になってきた．しかも迅速な経営判断によって，実現のための経営資源を集中させる傾向がますます強くなっている．つまり「統合知」事業モデルの構築が価値の源泉になってきたということである．

　この「統合知」を実現するためには，未来を見極める人材（フューチャリスト），産業／事業コンセプトを構想する人材（コンセプター），統合知をまとめ上げる人材（インテグレーター／事業プロデューサー），制度や仕組みを含めて変革する人材（社会イノベーション人材），国際競争に打ち勝つ人材（グローバル人材），ビッグデータの分析を行う人材（データサイエンティ

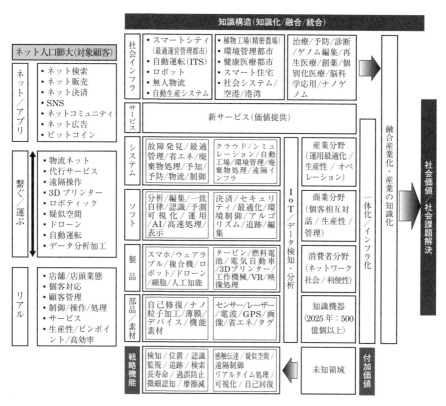

図 1-1　知識基盤社会と知識産業革命の深耕

スト）など構造転換や新産業創造を実現できる人材の獲得が重要になっている．これらの能力が一体となって「統合知」の形成を図るために，産業界も大学も緊急な対応強化を要請されている．いかに社会課題や社会価値を発見し，新たな開発研究／技術の方向性を見極めるのか，的確な目標とテーマの設定を行い，必要な知識や人材を収集し，蓄積し，組織化して，迅速な実現を行う仕組みを作り，持続的な研究／開発と実現化の条件を整備し，成功に向けての資源投入と運営を体系的に行うのか，また阻害要因やリスクを回避して，社会的な制度や仕組みの創造を考慮しながら，目標の実現と持続的な展開を行うのかが成功の重要な要素になっているのである．そのような意味で，知の統合の仕組みを構築し，人材を育成し獲得するため，さらに産業界と大学の連携を深め，知の体系や新たな知見の応用範囲を拡大し，本質の見極め，社会の未来開拓につなげることが重要な時代になっている．

3. 「統合脳」をどう作るのか

　こうした「統合知」の役割はますます拡大する．そこで，「統合」目標を策定し，実現するために必要な「統合脳」をどう作るかの方法を示したい．

〔1〕大学での統合脳の訓練法

　大学の教育は，それぞれ専門別のカリキュラムと統合領域別のカリキュラムで構成されている．

　理系では，基本論理と応用論理を受講し，実験・研究開発やプロジェクトへ参加して，異分野間の交流や共同研究・開発を行うことで，多くの融合／統合が可能である．また文系は，専門分野の講座，統合分野の講座，ゼミなどの自主研究などによって，社会課題に関する専門書や関連する融合分野の研究など多くの融合／統合がなされている．しかし，業績を評価する場合は，絞った領域での評価や学位がもたらされる．また，統合的な知の集積は，広くて浅い知として評価される傾向がある．これらを前提にして，統合脳を訓練する方法を二つ提示する．

(1)「知の構造化」の訓練

たとえば，新聞記事や専門書などを読む際に，必ずA4判で1枚にまとめる方法をとる．筆者の方法は，第1段階として，目次別に枠を作成し，まず1枚にまとめる．次に，内容を読みながら，要点のみを基本にして，何が書かれているのかをまとめる．その後第2段階として，その内容を構造化するための新たな枠組みと，相互関係が明確になるようにし，枠を作って，結論は何かをまとめる．

事例として，司馬遼太郎著『義経』の構造化を考えてみる．義経の合戦の内容と推移，頼朝との根底的な違いとともに，その相克の根底にある大きな時代認識の所在，なぜ鎌倉幕府という新たな時代創造がなされ，決定的な時代転換になったのかを概観しまとめる．これはそれぞれの自己流のまとめで良いが，時代転換など大局的な展開と個別の展開とを区分してまとめてみるのである．これは，個別の事象も重要だが，さらに俯瞰的な時代転換構造視点の思考である．この方法により，日常の新聞記事や論文などを，内容を俯瞰して観察し，記述して，構造化をすることで，「統合脳」を鍛える．

(2) 実践的経験から「統合知」の訓練

大学での学びや研究に加えて，実践的な経験の補強として，企業との共同研究やインターンシップが導入されている．米国などにおいても講義や討議以外に，企業などからの要望によるカリキュラムの再編や新たな講座が導入されている．しかし日本での共同研究やインターンシップは，能動的な動機付けが少なく，問題意識の深堀りによる統合脳への転換が脆弱である．そこでインターンシップなどを，自己鍛錬の「気づきの場」であり，自己の新たな学問的な深堀りやさらに不足する知への習得意欲を高める場として把握し，また大学自身が，新たなカリキュラム編成を促す手段として見直すことの重要性を示しておく．たとえば，「自己の習得した成果とその分野での課題」を明示する．「気づきとしてのインターンシップの場」では，①現場のデータとは何か，②データの管理基準の方法，③複雑なデータの関連付け，④意思決定メカニズム，⑤新たなシミュレーション技術，⑥データ処理と意志決

定の体系など，で研究と現場でのギャップが生じるが，この問題意識に基づき，さらなる研究テーマの設定をすることで，知識の深まりと新たな研究領域への動機付けが可能になる．

　またこの新たな課題が大学などの「新たなカリキュラム再編」へと反映されることで，常に最新の「統合知」が形成される（図1-2）．このプロセスは，理論脳と実践脳の統合知でもある．日本でのインターンシップが，学生の就職経験の場として理解されているのでは，日本の知の劣化はますます深刻になる．

企業：○企業例示
○課題：
「微細加工関連事業分野で，現場のリアルタイムでのデータ処理を見ながら，意志決定にスピーディに役立つシステムの開発」とそれに付随する諸問題
1)いくつかデータを取っているが，リアルタイムに変化を把握することができない
2)データ処理に時間がかかるので，簡単な処理方法がないか
3)データの組み立てに問題があるのではないか
4)複雑な様相を体系化する有効な手段はあるのか
5)意思決定に役立たない理由が明確にならない
6)作業手順に新たなデータ処理技術があるのか
7)体系化において，価値基準をどうシステムに反映させるのか

大学：○大学　　　A君：計測工学系
○ディシプリン(取得)
1)微細加工のデータ取得と処理方法の研究
2)一般的なデータ価値体系と重み付け
3)データの管理体系
4)コンピュータ処理の方法
5)データマイニング方法
○問題意識
1)現場のデータとは何か
2)データの管理基準の方法
3)複雑なデータの関連付け
4)意思決定メカニズム
5)新たなシミュレーション技術
6)データ処理と意志決定の体系等
○学生A君の育成
「従来の科目に追加」
1)複雑系システム設計
2)リアルデータマイニングの新たな方法
3)意思決定プロセスの管理体系化(必要なら MBA, MOT)
4)微細加工に必要な最新データ取得方法と技術水準

○インターンシップのねらい
1)リアルタイム現場データとは何か
2)意思決定のスピード感覚
3)不足しているデータ処理方法
4)体系化のための必要要素は何か

マッチングコーディネーター(仮)
1)大学での課題の評価
2)既存講座からA君の最新カリキュラム編成支援
3)将来のカリキュラム編成素材の蓄積と評価
　→「新たなカリキュラム編成」へ結合

図1-2　大学教育と企業との「即戦力」マッチング（例示）

〔2〕企業での「統合脳」の訓練法

　企業では，事業環境の現状分析と今後の見極め，競争条件と自社の位置付け，基本戦略，戦略実現の方法，開発のテーマの設定と実現，事業モデルの創造，事業計画，事業化／製品化による価値の実現プロセス，推進体制の整備など多くの段階での分析や思考が求められる．

　そこで，価値開発を考える場合，多様な開発事項や開発部門を取りまとめる人材の確保が喫緊となる．

（1）さまざまな開発技術や開発部門の統合としての「意味設計」方法

　製品価値の開発には，概念設計，スペックの設定，個別要素技術のマッチング，調整ターゲット（レベルの明確化），インターフェイス（個々の技術の全体最適化），リスク管理（環境変動／競争条件変動／日程の変更など），個別技術の動機付けや市場開発マーケティングなどを，「統合知」として取りまとめる必要があり，基本設計後，開発目標に「意味設計」という「実践的な統合知」実現プロセスが重要になってくる．

　つまり，個別技術にはそれぞれの目標や到達ミッションがあり，必ずしも，最終目標までの各要素技術の明確なミッションと目標とが整合しない場合がある．そこで，「意味設計」という段階を置き，目標に向けて実現すべき個別の開発分野の方向性を明確に設定しなければ，「統合知」としての完成ができないことになる．

　意味設計はまず，明確な目標の設定である．これには，ぶれない最終完成目標，統合すべき機能，プロットタイプ，「なぜ？」に対する意味付けが必要である．

　この目標に向けての課題の構造化によって，課題の体系化，課題解決アイディアの抽出，解決の吟味と体系化を行い，各要素技術の集結を図る．その作業のうえで，「意味設計」の段階では，①個々の機能と目標となる機能の相違やギャップの明確化，②それぞれの構成する個別技術のスタンス相違の明確化と目標を実現するギャップの解消と説得，③新たな課題解決の設定，④相互調整と相互要素間インターフェイスの改善，⑤十分な討議と調整など

を行い，全体目標に向けての動機付けや執念を強化することを，実現するためのプロセスに導入することが重要になり，これによって，新たな統合知の完成を行うことができる．この「意味設計」は事前に様式化して，記述をすることで，抜けのない意味付けの設計ができる．

(2) 成功条件先取りの戦略と実行プログラム法

　企業経営では，技術などの「統合知」以上に，さらに経営全体（開発／生産／販売／サービス／戦略／組織体制／経営風土／人材育成／権限移譲など）を推進し，持続的に収益を上げ，勝ち続けることがきわめて重要になる．筆者は，企業での経験をもとに，事業の成功条件を先取りして予測し，その実現策を様式に書き出し，異質部門を含めて全体討議を行いながら，各要素の整合性を図るとともに，実行プログラム（日程と責任体制）を実施する方法を提示する．これは経営のさまざまな要素の「統合知」を共有し，成功条件形成に向けて，集中的に実行する方法である．筆者のコンサルティング経験から，経営の全体系の構造と成功条件を各社の事業特性を含めて書きだして，全体を眺めるという作業を勧めたい．これによって，異分野の部門からの追加・修正も行い，整合的な成功条件かどうかを吟味確認するのである．また，組織全体に経営成功の「統合知」が形成され，実現に向けての明確な動機付けが形成される．

　さらに，経営には多くの事業リスクがあり，これらを統合的に視野に入れて経営しなければ，持続的な発展はできない（図 1-3）．

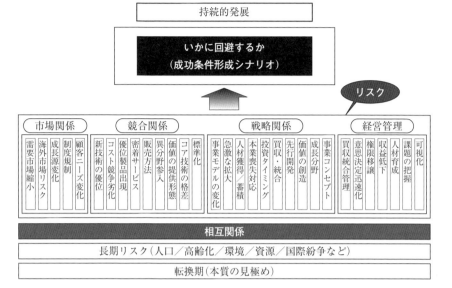

図 1-3 事業リスクの存在と克服（リスクや制約条件の乗り越え）

4. 「知の統合」を阻害する要因の除去

大学でも企業でも「知の統合」を阻害する要因は，多く存在する．たとえば，成功体験／危機意識の希薄性，既存組織からの圧力，新たな発想や事業への抵抗，潜在能力（人・もの・資金など）の脆弱性，キーマンの発掘や支援の脆弱性，説得能力／共鳴者発掘の困難性，コア技術の不在，経営資源配分の課題，統合を評価する人材の不足などである．

こうした阻害要因を書くことで，この阻害要因をどう克服するかのアイディアを創出し克服の持続的な展開を行うことが，ますます組織には必要である．特に危機意識の薄いトップの存在は，迅速な対応を遅らせる．しかし，そのまま放置するのではなく，問題を分析し，放置するリスクを示し，改善事項を具体的な項目に体系化することで，筆者の経験では克服が可能であった．何が阻害要因なのか書き出し，創造的な解決方法を考え抜くことや，成

功事例を収集して本質的な解決法を展開図として書いておくことは，有効な方法である．ただし，阻害要因にこだわって悪循環に陥り，「どうせ反対されるだろう」という諦めにならないように注意する必要がある．

さて，さらに，最近のスポーツの世界では，国際試合などで若手がきわめて優秀な成績を収める例が多くなっている．こうした TV 番組や新聞記事などから，たとえばテニスプレイヤーの錦織圭選手を取り上げ，彼が勝ち続ける方法を構造として書いてみるのもよいだろう．そこからはデータ分析的な手法も駆使して，訓練や戦略の創造がなされていることが見てとれるだろう．これも「統合知」による勝ち続ける方法として示唆に富むものである．

5. 新たな「統合知」創造と構築試論

これまで，「統合知」が確立された学問体系や知を再構成し，再配置する方法での「統合知」プロセスを論述してきた．しかし，今後は複雑な課題解決に対応して，新たな知の体系を創造する時期であり，文理一体化した学的知見や成果から予測される知の提携を，筆者の独断で提示しておきたい．たとえば，次のようなものである．

- 衝突社会学（衝突の分析，衝突の社会行動分析，衝突回避と合意の心理学ほか）
- 目的バランス学（目的のギャップ分析，異なる目的の最適化，目的と機能発揮のバランス関係学ほか）
- 社会生物学（社会そのものが生物の本質，社会の生物進化からの社会進化論ほか）
- 意思決定学（意思決定の諸条件，意思決定のメカニズム，意思決定の迅速化と課題解決論ほか）
- 認知文化学（認知科学における文化現象の把握，行動認知学と脳科学との関係論ほか）
- リスク回避学（リスクを社会存在，生命全体として把握し，回避を社会的関係から把握学ほか）

- 発達バランス学（発達の多様化，多面的な側面からの分析，発達相互間の相違のバランス学ほか）
- 共同組織学（組織の効率的な管理，創造的両面からの共同組織を重視する論，共同組織運営論ほか）
- 生物政治学（政治学を法体系や行政体系のみでなく，生物進化的な面からの政治学ほか）
- 都市生成学（都市の創造的な発展や，都市の持続的な進化による生成学）
- イベント感動学（イベントのさまざまな条件分析と感動という側面からの分析学ほか）
- 商品機能学（商品の持つ機能と構造との関係，機能関係と市場や顧客ニーズとの関係論ほか）
- 構造物シーズ学（構造物の持つ新たなシーズ（陳腐化防止，永続化，景観など）の本質や在り所論ほか）
- 市場形成学（市場の形成条件や市場の形成プロセスにかかわる要素体系学ほか）
- 価値生成学（価値の生成，市場や顧客および製品やサービスの持つ価値生成関係学ほか）
- 地球社会学（地球の環境制限や地球の持つ生命の要素を踏まえて，地球との共生社会学創造学ほか）
- 統合医療学（西洋医療や東洋医療を統合するとともに，人間の治癒力や生命再生体系学ほか）
- 生命成長学（生命の成長の本質を生命の本質や人間の精神や社会性からの体系学ほか）
- 複雑系社会関係学（社会における複雑な関係を社会性や技術面からの体系学ほか）
- 感情知能学（感情を知能分析による脳科学から体系学，感情創造と抑制の知能の特性学ほか）

今後こうした統合知の学問体系が多くの賛同者を得て，展開されることを念願している．

6. 最後に

　これからの大学，産業界は，統合知の国際競争の時代である．また人工知能やデータ分析を活用し，社会課題を解く専門知や統合知の関連性を含めて提示し，どのような知の集積で，どのような統合知を創造すれば，解決可能か示される時代になる．人材育成もネットワークされた社会では，多くの人材の頭脳をネットワークして，新しい知見の将来方向を都度提示することもできるかもしれない．しかし，人間社会の現実は，感性や共鳴や気づきなどから新たな知の創造がなされることも忘れてはならない．

第 2 章

横断型人材育成としての
レジリエンス工学教育

古田 一雄

1. はじめに

　平成 23（2011）年 3 月 11 日に東北地方を襲った東日本大震災とそれに伴う東京電力福島第一原子力発電所の事故は，その規模と広域性の点において甚大な被害をもたらし，日本における安全，防災，危機対応といった点でさまざまな不備を露呈することになった．さらに，原子力をはじめとする科学技術に対する社会の不信が助長された．しかし，我々はただ悔やんだり，絶望したりしているわけにはいかないし，科学技術を忌避したところで何の解決にもならない．東日本大震災のような自然災害だけに限らず，大事故，テロ，伝染病の大流行（パンデミック），エネルギー途絶，国際紛争，サイバー攻撃，株価暴落，少子化など，私たちの社会はさまざまな脅威にさらされている．そして私たちは，これらの脅威に対処するための備えを万全にしておかなければならない．

　このような社会に襲いかかるさまざまな脅威に対処するためには，特定分野だけでなくてあらゆる分野の知恵を総動員してあたる必要があり，まさに現代人の統合知が試されているといってよい．ところで，こうした現代社会をとりまくさまざまな脅威に対処するために，レジリエンスという考え方が

近年注目を浴びるようになってきた．レジリエンスは，従来のリスクに基づく安全ではカバーしきれなかった領域を補う考え方として提唱された概念である．そこで，本章では統合知の具体的な例として，この安全や危機管理に関する新しい概念であるレジリエンスと，これを実現するための技術に関する学術分野であるレジリエンス工学について紹介する．

2. リスクに基づく安全

　この震災の後，専門家を含めて人々の口に頻繁に上った言葉に「想定外」がある．文字どおりの想定外とは，予想の範囲を超えた，全く起こるとは考えられないような出来事という意味であるが，地震国であり歴史的に何回も大震災の被害を経験している日本で，あの震災は本当に予想の範囲を超えた出来事だったのであろうか．おそらくそうではなくて，起きる確率が限りなく小さいので考えるとキリがないほど大規模な地震という意味にすぎなかったのではないだろうか．一般的に想定外といっても，全く想像もつかないようなことではなく，ほとんどの場合は発生確率が小さくて考えても仕方がない出来事の意味で使われていると思われる．朝に太陽が西から昇ることは考えられないが，隕石に当たって死ぬのは発生確率が限りなく小さいというだけで，決して起こり得ないわけではない．

　このような発生確率のきわめて小さい出来事も考慮して安全を達成するために，従来の工学ではリスクという考え方を使ってきた．リスクとは，危険な出来事の発生確率と，それが発生したときに生じる損害の組み合わせと定義され，多くの場合には両者の積によってその大きさが表される．そして，リスクに基づいて実際にモノを作る際には以下のような手順で行われてきた．

　最初に，脅威から発生する災難のシナリオを考え，これに対処するためのモノ作りの基準（設計基準）を決める．たとえば，津波災害に対処するために堤防を建設するのであれば，100年に1度とか500年に1度の頻度で発生する大津波に耐えられるような堤防ということを決め，これから堤防の高

さが 10 m 必要だとか，20 m 必要だとかの設計基準が決まる．そして，この基準を満たすようにモノは作られる．さらに，実際の出来事が最初に想定したシナリオを超えてしまうリスクを計算する．100 年に 1 度の津波に耐える堤防に 200 年に 1 度の規模の津波が来たらどれだけ損害が出るかを見積もり，発生頻度とともにリスクを計算する．関係者にとってそのリスクが許容できる程度に小さければ問題ないとし，許容できないとしたら最初のシナリオ設定に戻ってやり直す．ここで注意すべきことは，許容できるリスクの限度をどこに定めるべきかに科学的な真理も正解もないことである．許容できるリスクの限度は厳しいに越したことはないが，無駄に厳しければ莫大なコストがかかり，結局それは社会全体の負担になる．そこで，みんなで話し合って負担可能なコストの範囲内でどこまでだったら我慢できるか妥協せざるを得ない．

　ここで，設計基準を達成できたとしても，それを超えるような出来事が起きて損害が発生してしまう確率は決してゼロではない．このようなリスクを残余のリスクと呼ぶが，残余のリスクを気にしていてはキリがないので，モノ作りにおいては設計基準を一度決めてしまったら残余のリスクはとりあえず考えないでよいことにする．これがいわゆる想定外の正体であり，想像もできないとか，全く起こり得ないというわけではない．しかし，残余のリスクを気にしていたら何もできなくなってしまうので，これは一種の現実的な割り切りであるといえる．

　さて，従来はリスクの限度をどこに設定するか，どうやって設計基準を満たすかに主な関心があり，残余のリスクや設計基準を超えてしまう事態についてはあまり考慮されてこなかった．想定外の事態が起きて損害が発生した場合，保険で保障するという手法が一般的であるが，社会全体が脅威にさらされるような事態に対してそれでは不十分なことは明らかである．設計基準を超えてしまう事態において損害の発生は不可避なので，平時の安全のような損害を回避する発想だけではダメで，ダメージを受けた状態からいかに立ち直るかという発想が必要になる．日本においては，特にそのような緊急事態に対する準備が欧米諸国に比べて弱いように思われるが，テロなどを経験

した欧米諸国でもそのような発想の重要性がさらに認識されるようになってきた．そこで，従来のリスクの考え方に基づく安全や危機管理を補完する新しい考え方が求められるようになった．

3. レジリエンスの考え方

　以上に述べた背景から，近年，安全や危機管理の分野で注目されるようになったのがレジリエンスの考え方である．レジリエンスは日本語で「弾力性」「回復力」などと訳されるが，直感的にはあるモノが外力に反発して元の形に戻ろうとする性質と捉えることができる．

　最初に専門用語として「レジリエンス」が使われ始めたのは生態学の分野であるといわれる．ある生態系が環境の変化を吸収し，システムの構造を維持する能力という意味の用語として使われ始めた[1]．たとえば琵琶湖の生態系を考えた場合，変化がなければ各生物種が季節変動を除き一定の割合で生息する安定状態が維持される．しかし周辺の開発による環境が変化したり，気候変動があったりすると，その影響によってある生物種は個体数が減り，ある生物種は個体数が増えて別の安定状態に移る．ここで，琵琶湖の生態系に十分なレジリエンスがあれば，個体数が変化するだけで食物連鎖などの定性的な構造は変わらないが，レジリエンスがなければいくつかの生物種は絶滅して生態系の構造そのものが変わってしまう．生態系の定性的構造がどれだけ変化に強いかの程度が，レジリエンスである．

　このような意味で使われ始めたレジリエンスは，その後，防災，臨床心理，経済など多くの分野に流用されるようになった[2]．防災においては，構造物や社会が災害のショックに耐えて災害前の状態に回復する能力を，臨床心理においては，人が過酷な体験にあってもうつ病やPTSDなどの精神障害にかからない気質を，経済においては，経済危機などの深刻な衝撃の影響を緩和して危機から回復する能力という意味の用語として用いられている．しかし，いずれの分野においても，外部の変化や擾乱に対してシステムがその影響を吸収し，機能を維持する能力のことをレジリエンスは表している．そ

して，システムにレジリエンスを造り込むための方法を研究する学術分野として，レジリエンス工学が誕生した[3]．

　大規模テロやリーマンショックを経験し，欧米諸国では専門家や政策担当者の間でレジリエンスという用語が盛んに使われるようになったが，東日本大震災を経験した日本においても今やこの用語をかなり頻繁に聞くようになった．日本では東日本大震災後に災害や危機に強い国造りのために「国土強靭化基本法」が成立し，国や地方自治体が「国土強靭化基本計画」を策定し，定期的に見直しを行うことになった[4]．政府はこの国土強靭化にナショナル・レジリエンスという訳語をあてている．今や現代社会を襲うさまざまな脅威は，国家の成長や国民生活へ深刻な障害となるという認識が国際社会で高まっており，一国全体を単位としたナショナル・レジリエンスの考え方が提唱され，その強化策がOECDなどの場で議論されるようになった．そしてナショナル・レジリエンスを議論するためには，ハードな人工物に関する理工学系の分野のみならず，人間，社会，経済，法制度などにまたがる超分野横断的なアプローチを要することはいうまでもない．

　レジリエンスの考え方を簡単に表したのが図2-1である[5]．変化がない状態でシステムは期待された機能を発揮しているが，災害など危機の発生に

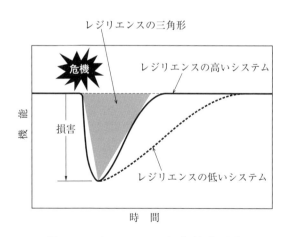

図2-1　レジリエンスの三角形（出典：[5]）

よって損害を受け，機能は著しく低下する．やがて，時間とともにシステムの機能は回復するが，レジリエンスの高いシステムが早期に元の状態に戻るのに対して，レジリエンスの低いシステムは回復が遅い．ここで，図のグレー部の機能の低下部分をレジリエンスの三角形と呼び，その面積がレジリエンスの一つの尺度を表していると考えられる．すなわち，レジリエンスの三角形の面積が小さいほど，システムのレジリエンスは高くなると考えられる．

ただし，レジリエンスの三角形はレジリエンスのある一面を捉えているにすぎず，レジリエンスはより広範なシステムの特性に関連している．図 2-2 はレジリエンスの評価に不可欠な安全余裕，緩衝力，許容度，柔軟性の四つの特性を模式的に示したものである[6]．ここではシステムの現在の稼動状態を状態空間の 1 点で示しており，状態が変わると対応する点は状態空間の中を移動する．システムの状態は常に小刻みに変動しており，対応する点も絶えず揺れ動いている．さらに，安全上のさまざまな制約条件に由来する安全限界があり，すべての安全限界の内側にシステムの状態がある限り安全は保たれている．しかし，状態がこの安全限界を超えるとシステムは破綻し，災害などの望ましからざる出来事が起こる．この図を使うと，四つの特性を以下のように説明できる．

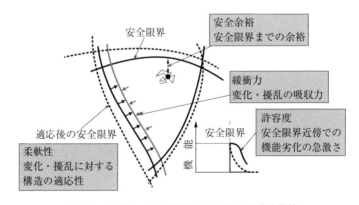

図 2-2　レジリエンス評価のための四つの基本特性

まず，安全余裕は安全限界からどれだけ距離をとって通常の稼動状態が設定されているかを表し，この安全余裕が飛び越えられた場合にはシステムが破綻する．従来の安全はこの安全余裕によってもっぱら担保されており，安全余裕が飛び越えられるリスクを許容できる限度未満に抑えることが安全設計の主眼である．

　次に，緩衝力はシステムの機能あるいは構造が破綻することなく，どれだけ大きな外乱を吸収できるかを表す．これは，外乱によって安全限界，あるいは稼動点が移動した場合に，どれだけシステムに反発力が働いてその変化を押し戻せるかを表す．図 2-1 のレジリエンスの三角形は，この緩衝力に関係していると考えられる．

　許容度とはシステムの稼動点が安全限界を超えた場合に，どれだけ急激に機能が劣化してしまうかを示す．従来の考え方では安全限界の外側における機能は一切保証しないという保守的立場をとっているが，実際，システムが直ちに破綻するとは限らない．安全限界の外側で緩やかに劣化するシステムは，急激に破綻してしまうシステムよりもレジリエンスが高い．

　最後に，柔軟性とはシステムに外乱が加わった場合に，システム自身がその内部構造を変化させたり，学習したり，進化したりして，外乱・外圧を吸収し，より強くなる能力をいう．レジリエンスは元の状態に回復することが基本であるが，人間や組織は危機の教訓を活かして以前より強く，賢くなることができる．

　これ以外にも，回復に要するコストが少ないほどレジリエンスが高いとする考え方などがあり，レジリエンスの評価には多様な視点が必要である．

4. レジリエンス工学の教育

　次に，レジリエンス工学の教育について論じたい．レジリエンスの概念は，従来の静的な安全を拡張，補強し，リスクに基づく安全管理が十分だったとしてもなお残ってしまう残余のリスクに対処するための有効なアプローチを提供するものと期待される．レジリエントなシステムの実現には，システム

の内外で発生する変動の種類と影響を「予期」し，その状態を「監視」し，変動の影響が全体機能に波及しそうになったら変動を緩和すべく「対応」し，さらに経験から「学習」してレジリエンスを強化するというプロセスを繰り返すことが必要であるといわれている．このプロセスの実行に役立つ要素技術そのものについては，さまざまな個別分野において相当な研究成果の蓄積も教育実績もある．

　しかし，現在高まりつつあるレジリエンス工学に対する社会の期待に応えるためには，これらの成果をレジリエンス実現プロセスに沿った教育プログラムとして再構成することによって，レジリエントなシステムを設計し，実現し，運用する能力を備えた人材を養成する必要がある．特に，これまでこれらの要素技術に関する専門教育は個別分野において行われてきたが，レジリエンスという共通概念を軸に，理工系，社会系，経済系，心理系などを含む複数分野の専門知識を修得し，俯瞰的視点からレジリエントシステムの実現を主導できる横断型人材の養成が必要である．図 2-3 はレジリエンス工学教育の全体像を示したもので，この教育の履修者は個々の要素技術を踏まえたうえでの分野横断的な総合化・体系化のための知識と技術を修得できなければならない．

　このような教育を目指して，東京大学大学院工学系研究科では平成 25（2013）年 4 月よりレジリエンス工学教育プログラムを行っている．このプログラムは工学系研究科のどの専攻に所属する学生でも履修することができる専攻横断型の大学院教育プログラムであり，所定の修了要件を満たすと所属専攻の修士課程，博士課程の学位に付加するようなプログラム修了証が授与されるかたちで運用されている．

　このような新しい教育プログラムを始める場合，新分野に対応した新専攻や学位を新設することが往々にして行われる．しかし，それは現状でさえ専門が細分化されて縦割りになっている専門教育をさらに細分化するだけに終わる危険性が高い．そこで，レジリエンス工学そのものを専門とするのではなく，既存の専門教育に付加するかたちで横断型教育を実施し，個別分野におけるレジリエンス工学を確立してもらうという趣旨から専攻横断型プログ

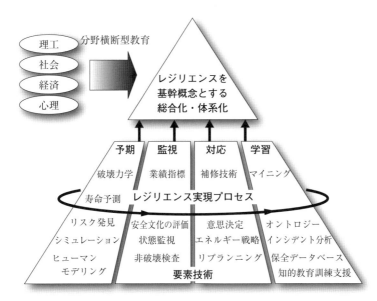

図 2-3 レジリエンス工学教育の全体像

ラムとして設計した．同様の理由から，副専攻やダブルメジャーという考え方も採用しなかった．

　カリキュラムは必修科目と選択科目で構成され，必修科目は基礎講義 1 科目と演習科目 1 科目である．選択科目はレジリエンス基礎工学，レジリエンス実践工学，レジリエンス社会科学の 3 領域に分類されている．レジリエンス基礎工学では，分野に依存しない概念的あるいは共通基盤的な学理とレジリエントなシステム実現の手段となる要素技術を，レジリエンス実践工学では，レジリエンス基礎工学の知識を応用して特定分野におけるレジリエントなシステムを実現するための具体的，実践的な方法論を，レジリエンス社会科学では，レジリエンス工学で実社会課題を解決するために必要な社会科学的な分野の素養に関する内容を扱う．本プログラムの修了には，必修 2 科目と 3 領域のすべてにまたがる所定の単位数以上の選択科目の履修が必要である．

　本プログラムは学位や資格と直結しているわけではなく，まだスタートし

て時間も経ってないため，修了者の数こそ多くないが，レジリエンス工学のような分野横断型専門教育の一つの有力なアプローチであると考えている．今後，現代社会の要請に応えられるレジリエントなエンジニアが輩出することを期待している．

5. まとめ

これまで，災害を未然に防止するためのリスクに基づく安全管理と，災害が起きてからの対処を考える危機管理とは分断された状態にあった．さらに日本においては，自然災害を除いて，設計の想定を超える事態はできるだけ考えない姿勢が顕著であった．口に出した途端にそのような事態が起きることを認めた責任をとらされる，「言霊」の国ならではの状況がそうさせるのかもしれない．あるいは，よくいわれるように，みんながゼロリスクにこだわりすぎているからなのかもしれない．しかし，昨今の世界の情勢を見ると，このような思考停止がいつまでも許されるものではない．安全管理と危機管理を一体とした，想定外の事態にも耐えられる社会の実現が望まれる．レジリエンスはそのためのキーとなる考え方であり，それを技術社会システムに造り込むためのレジリエンス工学の確立と，それを実践できる人材の養成が強く望まれる．

曖昧さを活かして価値創造できる人材育成

庄司 裕子

1. 曖昧さがリスクの源となるモノ作り

モノ作りの開発は一般的に，要求仕様を決定して設計，開発，テストというプロセスを経て行われる．たとえば，家を建てる場合には，顧客は工務店やハウスメーカの担当者に自分が望む家についての要望や，予算などの制約を伝える．担当者は顧客の要望をもとに設計図を作成し，必要であれば模型なども提示して，どのような家になるのか具体的なイメージを伝える．顧客側は修正希望があれば伝え，最終的に顧客が納得すれば契約が成立し，作成された設計図をもとに家が建築されることになる．仕様の充足や安全性の確認は設計段階でも十分検討されるが，建築物完成後にも現場で最終確認が行われる．設計図は建築作業に必要な情報がすべて含まれていることが前提で，要求の曖昧さは担当者とのコミュニケーションの中で解消されるべきものと捉えられている．

ソフトウェア開発の場合は通常，要求分析，要求定義，基本設計，詳細設計，コーディング，テストというプロセスで進捗する[1]．ソフトウェア開発は目に見える形を持たないという意味では一般的なモノ作りとは異なるが，要求仕様を決定して設計，開発，テストというプロセスを経るのは共通

している．家を建てたい顧客が工務店やハウスメーカに依頼するのと同様，新しいソフトウェアを必要とするクライアント企業はソフトウェアベンダに開発を依頼する．開発プロセスとして共通点が多いためか，ソフトウェア開発は家の建築と比して語られることが多いが，大きく異なる点は，顧客が初期段階で要求を明確化することが困難であるため仕様に曖昧さがつきまとう点と，ソフトウェアは実行可能な成果物を作って動かすまで目に見えないため，顧客の要求とのミスマッチを途中で埋めることが難しい点である．家の建築の場合，設計図ができた段階で要求を曖昧さなく把握して設計図に必要な情報が盛り込まれているため，設計図をもとに工期や費用を見積もれば，大きく外れることは少ない．しかし，ソフトウェア開発の場合は，終盤で思わぬ修正を迫られるような事態が頻繁に起こりえる（もちろん，起こってほしくはない）．

　クライアントの要求を満たす仕様を最初から曖昧さなく記述できると仮定すると，ウォーターフォール型のソフトウェア開発プロセスが効率的である（図 3-1）．ウォーターフォール型の開発プロセスでは，次のプロセスに移る際の承認手続きは文書ベースで行われ，承認された仕様は凍結されその後変更されることはない．ウォーターフォール型の開発プロセスモデルが機能するための前提条件は，プロジェクトの初期に要求が完全に明確化され仕様が

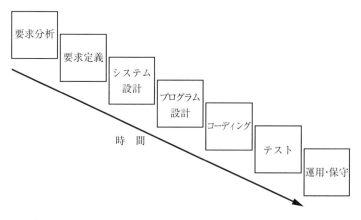

図 3-1　ウォーターフォール型のソフトウェア開発プロセスモデル

明確に記述できることであるが，この前提条件が多くのソフトウェア開発では非現実的である．このモデルが適用できるのは，小規模のシステム開発や開発実績の豊富な定型業務など，要求の明確化が容易な場合に限定される．近年のソフトウェア開発では，要求の多様化やシステムの大規模化で，業務分析などの机上分析だけで要求を完全に把握できると考えるのは無理がある．発注元のクライアントでさえ自分自身の真の要求をうまく表現できないことが多く，熟練したコンサルタントやエンジニアであっても数回のコミュニケーションで即座に要求を明確に定義することは困難である．

　図3-2は，ソフトウェア開発プロジェクトの難しさを示した有名なマンガである [2]．クライアントは「木で遊ぶブランコが欲しい」という要求を伝えたかったのだが，うまく伝えられず，プロジェクトリーダは単に木の枝にブランコをぶら下げればよいと理解した（上段左から2番目）．これでは木の幹にぶつかってブランコが揺れないので木を切り，そのままでは木が倒れるので，本来必要のない支えを付けた（上段中央）．クライアントが本当に欲しかったものは図の下段右端のように木の下で遊べるブランコであり，ブランコはタイヤをぶら下げただけでもかまわなかったのである．この例では，

図 3-2　プロジェクト開発の実態（出典：[3][1]）

「ブランコ」というクライアントの言葉が本当に欲しいもののイメージとは違った形で解釈され、それを正しいと信じるがゆえにさらに深みにはまってしまった。ソフトウェアを開発する前にクライアントが「どのようなソフトウェアが欲しいか」について自分でもしっかりと理解していることは少なく、また理解していたとしてもそれを開発者側にうまく説明できるとは限らない。多くのソフトウェア開発では明確な要求定義は難しく、ソフトウェア開発には常に曖昧さがつきまとうのである。

図3-1に示したウォーターフォール型の開発プロセスは完全トップダウンで工程の後戻りはなく、仕様書や設計書などのドキュメントに必要な情報が完璧に記載されていることを前提とする。しかしソフトウェアのように明確な要求定義が難しい場合、完璧な仕様書や設計書を書くことができないため、反復型の開発プロセスによって曖昧さ（＝リスク）を段階的に潰していくのが良いとされる（図3-3）。ウォーターフォール型のモデルが小規模なソフトウェア開発プロジェクトなら適用できるのであれば、大規模なプロジェクトを、連続する複数の小規模なウォーターフォール型プロジェクトに分割して段階的に開発していこうとするのが反復型のソフトウェア開発プロセスモデルのアプローチである。最初のミニ・ウォーターフォールで要求の一部とリスクの一部を扱い、少しだけ設計および実装してテストし（最初のR → D → C → T)、次のミニ・ウォーターフォールでは扱う要求を少しだけ増やし、もう少し設計

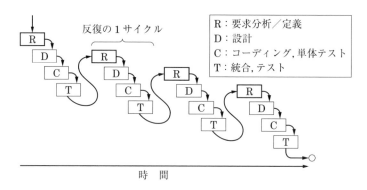

図 3-3 反復型のソフトウェア開発プロセスモデル（出典：[4]）

と実装を行いテストする（2番目のR→D→C→T）．これを，目的のプロダクトが完成するまで繰り返す．各ミニ・ウォーターフォール，すなわち反復の1サイクルのマイルストーンとして実行可能なプロトタイプを作成して検証できるため，顧客からのフィードバックが得やすく，リスクを段階的に低減させることができる．そのため，近年大規模複雑化が著しいソフトウェア開発では図3-3のような反復型の開発プロセスが主流となっている[4]．アジャイル開発，ラピッドプロトタイピングなどの呼称が用いられることも多いが，迅速開発と検証の反復によって曖昧さ（＝リスク）を徐々に低減させていくという意味では類似の概念である．ウォーターフォール型の開発が完全トップダウン形式であるのに対し，反復型の開発はトップダウン方式（一つのサイクル内のR→D→C→T）とボトムアップ方式（次のサイクルへのステップアップ）の組み合わせとなっている．

　反復型の開発モデルに従う多くのソフトウェア開発プロジェクトは，曖昧さをいかに潰すかの戦いであるともいえる．クライアントの要求自体が不明瞭にしか定義されていないという意味での曖昧さ，要求を分析する側が複数の意味に解釈できるという意味での曖昧さ，開発スタッフ間のコミュニケーションで起こりがちな誤解につながる曖昧さなど，多くのステークホルダが関わるソフトウェア開発では曖昧さがつきまとう．曖昧さはリスクの源となるため，できるだけ早期に潰していくことが望ましい．反復型のプロセスで開発するとリスクを解消しやすいと期待できるものの，見かけ上反復しながら進捗させても必ず曖昧さが低減するという保証があるわけではない点は注意が必要である．

　曖昧さをリスクと考えるのはソフトウェア開発にとどまらない．製造業の新製品開発の場合なども，企画，設計，開発などの担当者間でのイメージの共有が不十分である場合や，コミュニケーションの離齬がある場合には，曖昧さがリスクとして蓄積され，後工程で顕在化してトラブルとなる場合も少なくない．リスクを回避するために開発現場では関係者間のすり合わせが重要である．

　このように，従来の工学では「曖昧さ」はリスクの源という考え方であり，

リスクをいかに潰していくかが至上命題である．反復型のソフトウェア開発
プロセスモデルは，いかに曖昧さをなくしていくかの方法論の一例である．

2. 曖昧さが価値作りになるモノ作り

一方，ファッションブランドで衣服を設計製造する場合には，曖昧さが必
ずしもリスクとはならず，逆に曖昧さを好意的に解釈することによってより
価値の高い製品が作られる場合もある．ここでは，曖昧さを活かした価値作
りの例として，高級ファッションブランドのオートクチュール設計製造プロ
セスについて説明する．

オートクチュールの設計製造を行うメゾンには，デザイン（デザイン画の
作成）を担当するスタジオ部門と，パターンメーキング（型紙の作成）と製
造を担当するアトリエ部門とがある [5]．スタジオ部門にはクチュリエと呼
ばれるデザイナーとアシスタントデザイナーがいる．クチュリエが自らのコ
ンセプトに基づき大半のデザイン画を描く．すべてを一人で描くのは難しい
ため，アシスタントデザイナーもデザイン画を描き，クチュリエが気に入っ
たものは採用してもらえる．アシスタントデザイナーは，どういうアイデア
を出してどのように描けば気に入られるか（採用されるか）を熟知している．
アシスタントデザイナーにはデザイン能力だけでなく，クチュリエの価値観
を正しく理解してその価値観に合致したデザイン画を描くことが求められ
る．ただし，長期間勤続するとアイデアが枯渇するため，アシスタントデザ
イナーの平均勤続年数は 2 ～ 3 年程度であるという．ファッションショー
のオートクチュールデザインの場合，クチュリエは最終的に 60 ～ 70 のデ
ザイン画を選択し，ショー全体のコンセプトを考える．そして，作成したデ
ザイン画をアトリエ部門に渡す．図 3-4 はデザイン画の一例である [6]．

アトリエ部門はスタジオ部門から受け取ったデザイン画に基づいてパター
ンメーキングと製造を担当する．アトリエ部門はチーフ，パタンナー，縫製
員など，10 ～ 20 名のスタッフから成る．デザイナーが描くデザイン画は設
計書の役割を果たし，アトリエ部門ではそれを布製品に仕上げていく．一見

ウォーターフォール型のように見えるが，デザイン画は設計の最終段階を意味しない．デザイン画にはどんな布を使うかや，正確なシルエットや縫い方などの詳細な情報までは記されていない．アトリエ部門ではデザイン画をよく読んで，「このクチュリエの感性からいうとこうだ」といった解釈をしながら，デザイン画に描かれたシルエットを生地によって作り出していく．デザイン画がアトリエ部門に渡った段階で情報の媒体が紙から生地に変わるところに，服飾造形特有の問題がある [5]．紙のデザイン画にはそもそも曖昧さがあり詳細情報が不足しているが，紙上のデザイン画を生地で実現するには，何らかの解釈が付加される必要があり，いかに適切な解釈を行えるか否かでアトリエ側の力量が問われる．メゾンの顔はスタジオ部門のクチュリエであるが，アトリエの力量によってメゾンの評価が大きく左右される．アトリエは単に製造工程を担当するのではなく，デザイン画の解釈が最重要といっても過言ではない．アトリエではデザイン画をよく読んで，デザイナーの価値観，そのシーズンのコンセプトに最も合致するシルエットを実現するには，どのような形，裁断，縫い方にすればよいか，生地や付属品はどれにすればよいかを決めていく．解釈から製造のプロセスでは，アトリエ部門からクチュリエに「イメージにぴったりの生地があるのですが，この生地を使うとドレープの形が違ってきます」といった提案をすることによって，クチュ

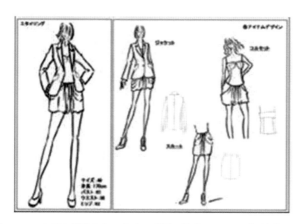

図 3-4　スタジオ部門からアトリエ部門に渡すデザイン画（出典：[6]）

リエが「じゃあ，その生地を使って，デザインはこう変更しよう」と指示し，仕様が変更されることもある．むしろ，デザイナー側は生地や裁断，縫製などに関する知識が豊富でなく，アトリエ側での後工程を直接コントロールできないため，スタジオはアトリエが実現できる範囲内でデザインせざるを得ないという制約を受けているともいえる．一見前工程と後工程を分業しているように見えるスタジオとアトリエであるが，曖昧なデザイン画を介してコミュニケーションを行いながら，より魅力的な商品を仕上げていく．オートクチュールの設計製造プロセスでは，デザイン画が不完全で曖昧さを含んでいることが必ずしもリスクとは考えられておらず，むしろ創造的なモノ作りを育む土台として積極的に活かされている．その点が，前述のソフトウェア開発のように曖昧さをリスクの源と考え，できるだけ曖昧さを低減させるようなプロセスで進捗させようとする従来の工学の考え方とは異なり興味深い．もちろん曖昧さが常に価値創造につながるとは限らず，その成否はあくまでアトリエ側が適切に解釈して適切な案を出せるか否かにかかっている．成功者のプロセスだけまねてもうまくいくとは限らないのはソフトウェア開発と同様である．

3. 曖昧さをうまくハンドリングするための「統合知」

前述のとおり，ソフトウェア開発ではプロジェクトの初期に明確な要求定義を行うことは難しく，完璧な仕様書や設計書を書くことができないため，反復型の開発プロセスによって曖昧さ（＝リスク）を段階的に潰していく．反復の1サイクルごとに実行可能なプロトタイプを作成して顧客からのフィードバックを得ながら，曖昧さを徐々に排除してリスクを段階的に低減させる．ソフトウェア開発に限らず多くの製品開発でも同様で，従来の工学では「曖昧さ」はリスクの源であり排除すべきものであるという考え方に立ってきた．曖昧さが生じるのは人間の思考や人間同士のコミュニケーションが関わる部分である．クライアントが持つ要求自体の曖昧さ，表現するときの曖昧さ，話を聞く者の解釈の曖昧さ，開発側同士のコミュニケーションでの

曖昧さなど，人間が介在する部分には常に曖昧さが生じる可能性がある．複雑化した現代社会にあって一人ですべての作業を担当するようなプロジェクトは少なく，多くの関係者との共同作業によってモノ作りのプロセスが行われる．曖昧さをうまくハンドリングするには，コミュニケーションを通して他者の要求や意図を正確に抽出し，曖昧さを排除していく能力が必要である．個々のメンバーの能力ももちろん重要であるが，関係者が連携して知を統合し，曖昧さを低減するようにプロセスをコントロールすることが不可欠である．

　一方，オートクチュールの設計製造プロセスでは，デザイン画が不完全で曖昧であっても価値創造の土台として積極的に活かされている．ただし，曖昧さが必ずしも価値創造につながるとは限らないため，「適切な解釈」が必要である．このような創造的なモノ作りが可能になるのは，アトリエのスタッフがデザイナーの価値観を正しく理解し共有しデザイン画を解釈できる能力を持ち，かつ，デザイン画を解釈した後にそのコンセプトを具現する製品仕様を提案できる知識や技能を有するからである．デザイナーとアトリエスタッフが連携して曖昧さから価値創造を行っている．曖昧さを排除するか活かすかの違いについては全く異なるが，曖昧さをハンドリングするためにデザイナーとアトリエスタッフが連携している点はソフトウェア開発と共通している．オートクチュール製品の設計製造プロセスでは，スタジオのデザイナーの知識や感性とアトリエのスタッフの知識や技能が統合されて統合知が形成され創造的なモノ作りが実現されている．高級ファッションブランドの特殊な世界で行われていることと捉えられるかもしれないが，大谷らの研究[5]によると，日本の製造工程会社はヨーロッパのオートクチュールメゾンのスタジオの要求仕様（デザイン画）を正しく解釈できたという．すなわち，日本の製造工程会社にもメゾンの期待に応える製品作りが可能であると考えられる．他者の価値観を正しく理解でき，その価値観を実現する知識や技術を有する能力を有する技術者であれば，海外のパートナーと協働してグローバルに統合知を形成していくことが可能であると期待される．

　本章では，統合知を「複数の関係者が協働して製品開発などのプロジェク

トを行う際に，互いの知識や技術を持ち寄って統合して価値創造された場合に形成されるもの」と捉える．複数の関係者で行われる（特に大規模の）プロジェクトには曖昧さがつきものであり，その曖昧さをいかに潰していくか，逆に曖昧さを活かして価値あるモノ作りにつなげるか，どちらにしても曖昧さを上手にハンドリングすることが求められる．その意味で，統合知は曖昧さをうまくハンドリングした結果得られる知ともいえる．

4. 曖昧さを上手に解釈して価値作りにつなげられる人材育成を

　従来，工学では「欲しいモノ」を早く正確に，かつ高品質で実現できる技術力が求められてきた．この思想は「欲しいモノ（What）」が明確な場合には有効であり，日本は高い技術力を有する製造業が優れたモノ作りを実践してきた．しかし，近年は，ソフトウェア開発に代表されるような「What」のイメージが曖昧な場合に曖昧さを潰していくモノ作りや，ファッションブランドの衣装デザインのように「モノ自体（What）」よりも「What で実現される価値観（Why）」が重要であり，Why を理解してよりよい What を創造するようなモノ作りが求められる．したがって，曖昧さを上手にハンドリングして統合知を形成できる人材育成が求められる．日本では問題解決能力の高い人材は豊富な一方，「答えのない問題」にアプローチする創造的な能力の育成に関しては課題が多い．工学は「何（What）をどう作るか（How）」に関する教育は得意であるが，今後は「何のために（Why）何（What）を作るか」という価値観の理解と形成に関する教育を充実させる必要がある．ファッションのデザイン画は What を描いているにすぎないが，より重要なのは What を通して語られる Why の部分である．Why を理解する能力育成の効果的な方法を見いだすのは容易ではないが，ファッションのような感性ビジネスで観察される事例は，エンジニアリングフィールドでも参考にすべき点がある．

第4章

情報技術が加速する横断型融合人材

山本 修一郎

1. はじめに

　「グローバル・ビジネスへの対応や，社会的な課題解決，また，新たな事業・サービスの創出は，ICT（情報通信技術）の活用無くして実現できない」[1]ことから，個別専門知ではなく，情報技術に基づく，専門知を超えて必要な知の全体を最適化するために「横幹知」が求められている．たとえば，國領[2]では，「新たな課題を発見し，分野横断的な知識・スキルにより，課題解決のためのサービスやシステムなどを分析・デザイン，具現化できる人材」の育成に向けた取り組みの必要性を指摘している．また，経済産業省による，産業構造審議会人材育成 WG でも，「異分野と IT の融合領域においてイノベーションを創出し，新たな製品やサービスを自ら生み出すことができる人材」が求められていると報告している [3]．

　横幹連合の中長期ビジョン策定 WG では，これからの 10 年を見据えた「横幹中長期ビジョン 2014」を策定した [4]．このビジョン策定過程では，知の統合とは何か，また，知の統合の結果として創造される横幹知をどう考え，そのような新たな知を実現する人材をどう育てるかについて，議論した．本章では，この議論を踏まえて，横幹知とは何か，横幹知の理論と工学，名古

屋大学における講義事例について述べる.

2. 横幹知とは何か

「横幹中長期ビジョン 2014」に従って，横幹知を構築する学問を「知の統合学（あるいは横幹知学）」と称する．知の統合に使われる「知」を「知の統合学」，知の統合の結果としての知識成果物である「知」を「横幹知」と呼ぶ.

また，「経済活動の中で生産手段や資源，労働力などをそれまでとは異なる仕方で新結合すること」がイノベーションである[5]ことから，「社会活動の中で専門知をそれまでとは異なる仕方で新結合すること」が「知の統合」，新結合された知が「横幹知」であるといえる.

ここで，知識の参照モデルを整理すると，表 4-1 のように 4 種類のレベルがあると考えられる．第一種の横幹知は異分野の知識を統合して構成された知識である．第二種の横幹知は，知を創造し利用するために必要とされる，知の統合学の知識である．第三種の横幹知は一般性が高い分野に依存しない分野独立の共通知識である．非横幹知は分野に依存する分野固有の専門知や現場の知識である.

中長期ビジョンの取りまとめ[4]では，横幹連合として，以下の活動・事業を行う必要があることを指摘している．本章では，(1)と(3)の取り組み例について紹介する.

表 4-1　知識の参照モデル

レベル	説　明	分　類
1	異分野の知識を統合して構成された知識	第一種の横幹知
2	横幹知を創造・利用するためのメタ知識	第二種の横幹知
3	分野に依存しない共通知識	第三種の横幹知
4	専門知, 現場知	非横幹知

（1）横幹知を具体的に創る作業（調査研究会等）

（2）「それは横幹知である」と認定する仕組み

（3）横幹知を教育できるようにする仕組み（テキスト作り）

（4）横幹知を普及させる仕組み（研修プログラムなど）

3. 横幹知の理論と工学

横幹知の理論と開発を支える「知の統合学」が KUTE（Knowledge Unification Theory and Engineering）である [4]．KUTE の基本概念には，知の統合原則，横幹知の創造と知の統合プロセス，横幹知のデザイン，横幹知のアーキテクチャ，横幹知の保証と確認，横幹知の利用シナリオなどがある．以下では，これらについて説明する．

〔1〕 知の統合原則

知を統合するうえでの原則を明らかにしておく必要がある．以下では，知の統合原則の例として，状況的横幹知創造，拡張性を説明する．知の統合原則は，この二つに限定されるわけではなく，必要な横幹知に応じて統合原則を明確にすることが重要である．

（1）状況的横幹知創造

[説明] 組織, 作業, システムやチームにとって具体的な知識になるように，状況に応じて横幹知の創造手法を正しく用いることにより，横幹知を適切に創造する必要がある．

[理由] 特定の状況の下で有効な横幹知が他の異なる状況でも有効であるとは限らない．リポジトリに格納された専門知や横幹知を組み合わせて，与えられた状況に応じて適切な横幹知を作成する方が，特定の専門知をカスタマイズするよりも容易である．

（2）拡張性

　　［説明］知の統合に関連して避けることができない複雑性を適切に解決す
　　　　　　べきである．

　　［理由］知識コンポーネントの規模が小さくなればなるほど，知識コンポー
　　　　　　ネント間の関係は複雑になる．

〔2〕横幹知の創造と知の統合プロセス

　知の統合では，知識を統合するコンテクストと，統合された知識を利用す
るコンテクストが重要である．利用コンテクストでは専門知が現場知として
具体化され，活用される．統合コンテクストでは現場知が分析・一般化され
て，異なる専門知が統合される．横幹知の創造プロセスの例を図 4-1 に示す．
まず，知の統合コンテクストを定義することによって，横幹知が活用される
環境を明らかにする．次いで，このコンテクストで活用される横幹知の価値
を定義する．そのうえで，この価値を生むための横幹知をデザインすること
になる．デザインされた横幹知について，コンテクスト内のステークホルダ
と合意形成することにより，横幹知の価値が共有され，コンテクスト内で展
開・活用されることになる．

図 4-1　横幹知の創造プロセス（出典：[4]）

〔3〕横幹知のデザイン

　図 4-1 で示した横幹知の創造プロセスのうち，横幹知のデザインでは，横
幹知を創造するために必要となる段階的な活動と，活動段階を横断的に支え
る共通活動が必要である．このため，図 4-2 では，新たな価値を創造するイ
ノベーション活動の実践のための活動段階の知識として，要求知識，アーキ
テクチャ知識，高信頼性保証知識があること，各段階に共通する支援知識と

図 4-2　横幹知のデザイン参照モデル

表 4-2　横幹知の創造のための知識領域

	知識領域	知識の例
活動段階知識	要求知識	ゴール指向要求工学[6]
	アーキテクチャ知識	エンタープライズアーキテクチャ[7]
	高信頼性保証知識	保証ケース[8]
共通支援知識	イノベーション知識	オープンイノベーション[9]
	システム知識	システム論[10]
	マネジメント知識	PMBOK[11]
	コミュニケーション知識	言語行為展望論[12]

して，システム知識，コミュニケーション知識，マネジメント知識があることを示している．これら七つの知識が横幹知の価値連鎖を形成する．

　これらの知識を歴史的に概観すると，システム知識，イノベーション知識，コミュニケーション知識は社会科学から発展して，IT 分野でも活用されるようになった．たとえば，IT 開発者には IT によるビジネスイノベーションの提案が求められるようになっている．逆に，金融分野ではフィンテック（FinTech；Financial Technology）に代表されるように，情報技術による金融サービスの革新が求められている．要求知識，アーキテクチャ知識，高信頼性保証知識は IT 分野で発展して，ビジネス分野でも重要性が認識されるようになっている．マネジメント知識には，プロジェクト管理知識やナレッジマネジメント知識などがある．これらの知識の例を表 4-2 に示す．

これら7知識は，情報技術分野に限定されるわけではなく，人工物を創造するうえで必要となる知識である．また，相互に関連しながら新たな価値を生む人工物の創造に貢献できる．したがって，分野横断的に統合される知識である．

〔4〕 横幹知のアーキテクチャ

横幹知のアーキテクチャの構成要素は，表4-3に示すように，統合対象となる要素知識，要素知識間の結合関係と，知識の統合によって達成される横幹知が持つ特性がある．横幹知が持つ特性の例としては，知の統合原則で示した拡張性などがある．

表4-3　横幹知のアーキテクチャ

構成要素	説　明
要　素	横幹知を構成する知識要素（専門知，横幹知）
関　係	知識要素間の結合関係
特　性	横幹知が満たすべき性質

〔5〕 横幹知の保証と確認

横幹知のアーキテクチャで定義された特性を横幹知が持つことを保証し，それを確認する必要がある．横幹知が特性を満たすことを客観的に説明するために，保証ケースを用いることができる．保証ケースでは，説明したい主張を，客観的な証拠によって明示的に保証できるまで，段階的に下位の主張に分解することができる．

〔6〕 横幹知の利用シナリオ

横幹知を利用するためには，横幹知が記述されている必要がある．記述されていなければ横幹知を教育することも再利用することもできない．横幹知を再利用することを目的としてわかりやすく記述するための枠組みが横幹知ケースである．

表4-4　横幹知ケース

項　　目	説　　明
情勢変化	横幹知を採用するに至った開発・技術の情勢
知識変容の期待	横幹知が対象とした知識変容への期待
統合課題	横幹知が達成しようとした知の統合化への貢献と解決した知識課題
横幹知	要素知識，要素知識間関係，評価特性によって統合した知識
統合プロセス	知の統合プロセス
実施組織	横幹知の創造を実施した組織
取り組み	知の統合手法を記述，適用，教育するためのプロジェクト管理面での具体的な取り組み

　横幹知ケースでは，知の統合コンテクストと，利用コンテクストを，知の統合プロセスと利用シナリオで記述し，体系的に横幹知を「見える化」することにより，マネジメントするとともに，教育ならびに利用できる．

　横幹知ケースの記述要素を表4-4に示す．横幹知を採用するに至った開発・技術の情勢を「情勢変化」で記述する．横幹知が対象とした知識変容への期待を「知識変容の期待」で記述する．横幹知が達成しようとした知の統合化への貢献と解決した知識課題を「統合課題」で記述する．要素知識，要素知識間関係，評価特性によって統合した知識を「横幹知」で記述する．知の統合プロセスを「統合プロセス」で記述する．横幹知の創造を実施した組織を「実施組織」で記述する．知の統合手法を記述，適用，教育するためのプロジェクト管理面での具体的な取り組みを「取り組み」で記述する．

　以下では，横幹知ケースの例として，テスト品質イノベーションについて説明する．

例：テスト品質イノベーションアーキテクチャの横幹知ケース[13]

　テスト品質イノベーションアーキテクチャに対する横幹知ケースの記述例を表4-5に示す．テスト品質イノベーションを構成する知識アーキテクチャを図4-3に示す．この図では，Sauber[14]によるイノベーションアーキテクチャの概念を用いている．テスト品質イノベーションアーキテク

チャでは，①イノベーション領域，②市場，③製品・サービス，④モジュール，⑤機能，⑥技術，⑦知識からなる七つの知識層がある．最下層の知識は，現場固有の専門知（現場知）である．この専門知が階層的に上位層で統合されている．

表4-5　横幹知ケースの例

項　目	説　明
情勢変化	テスト技術の品質向上が必要となった
知識変容の期待	テスト専門家の経験知識を体系化したい
統合課題	テスト知識の階層的な整理・モジュール化が必要
横幹知	「イノベーションアーキテクチャ」概念を活用して，テスト知識を階層的なアーキテクチャによりテスト知識間の目的手段関係を整理
統合プロセス	「イノベーションアーキテクチャ」のイノベーション領域を「テスト品質保証」として具体化することで，テスト品質イノベーションアーキテクチャを定義
実施組織	テスト品質の向上を目指す組織
取り組み	テスト知識の統合的な構成を記述．高信頼性テスト市場における高品質例外テストサービスの実現に向けたテスト知識の体系化と技術開発

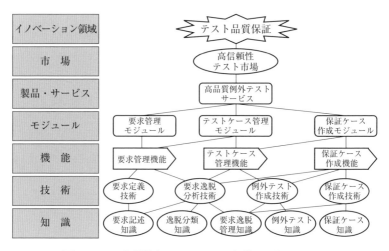

図4-3　テスト品質イノベーションの知識アーキテクチャ

4. 横幹知を実現する人材の育成

〔1〕知の統合学　基礎シラバス

横幹知を教育するためには，メタ科学・メタ技術としての横幹知のシラバス化が必要である．たとえば，表 4-6 に示すような，知の統合学に対する基礎シラバスを構成できる．

この基礎シラバスでは，導入，知の統合コンテクスト，知の抽出，知の統合要求の定義，横幹知のデザイン，モデルによる横幹知の分析，横幹知の妥当性評価と合意形成，横幹知の管理，ツール支援という 9 課程 34 項目に分類して，横幹知を体系的に学習できるように構成している．現状では，基礎シラバスの構成を提案した段階であり，各項目の具体的な内容設計については，今後の課題である．ただし，前述したように，知の統合アーキテクチャや横幹知ケースの内容については具体化を進めている．また，後述するように，内容の一部については試行的に実際の講義で活用を始めている．

表 4-6　知の統合学　基礎シラバスの構成例

項　目	分　類	内　容
1	導入	①知の統合の基本概念，②知の統合の必要性，③横幹知の効果
2	知の統合コンテクスト	①横幹知，統合コンテクスト，知の境界，②統合コンテクスト境界の決定
3	知の抽出	①知識源，②統合要求分類，③統合要求の抽出技法
4	知の統合要求の定義	①統合構造，②統合種別，③専門知の構造，④知の統合事例の利用，⑤横幹知の品質，⑥統合用語
5	横幹知のデザイン	①知の統合アーキテクチャ，②カタログによる横幹知の再利用，③横幹知の効果分析
6	モデルによる横幹知の分析	①知の統合モデル，②ゴールモデル，③横幹知の利用シナリオ（UKC，横幹知ケース），④横幹知の観点，⑤横幹知の参照モデル
7	横幹知の妥当性評価と合意形成	①横幹知の妥当性確認，②横幹知の合意形成技法，③横幹知の品質保証，④妥当性確認の原則
8	横幹知の管理	①横幹知の属性管理，②知の統合ビュウ，③横幹知の優先順位付け，④横幹知の追跡管理，⑤横幹知の変更管理
9	ツール支援	①ツール種別，②ツール導入，③ツール評価

〔2〕講義例

知の統合学に向けた名古屋大学における学部講義の事例を紹介する．前述した基礎シラバスのような先端的取り組みをすぐに大学教育で実践するのは容易ではない．一方で，横幹人材の育成は急務である．このため，筆者は既存の講義の枠組みの中で横幹知を提供する以下のような試みに取り組んでいる．

(1) 情報科学入門

イノベーション，要求工学，アーキテクチャ，システム保証，コミュニケーションなど，知の統合の基本概念と共通する情報科学の主要概念を包括的に講義している．

(2) 基礎セミナー

社会技術的システムについての関心事，現状の課題，その原因分析，あるべき姿とそれを実現する解決策を，システム論の観点から，学生自身が分析して発表する自主的な学習とグループ討論を実施している．このセミナーでは，学生が問題を自ら発見して定義する能力を育成できる．学生が取り組んだ課題は，宇宙開発，自己臓器移植，安全安心な老人ホーム，安全なドローン，食品ロス軽減，職業選択を見越した学部選択，地震発生後の震災関連死など幅広い．これらの課題解決には横幹知が不可欠である．

(3) 情報システムモデリング

複数のモデリング手法を同一課題に対して適用することにより，モデリング手法を相対化する経験を習得できる．すでに多くのモデリング手法があるにもかかわらず，万能な手法はない．したがって，新たな問題を解決するためには新たなモデリング手法の考案が必要になる．また，既存のモデリング手法の新結合によって，革新的な手法を創造できる．モデリング手法の新結合を実践するうえで，既存のモデリング手法の特質を複数の事例で経験することが役立つはずである．この講義では，6種類のモデリング手法を提示し

た後，5名程度からなるグループに分かれて同じ課題を6手法で分析して発表する．6課題を用意しており，各グループがすべての手法を経験することができる．

5. まとめ

　横幹知を継続的に発展させ，社会に浸透させていくためには，KUTE の確立だけでなく，図4-4 に示すような取り組みを実践する必要がある．横幹知が社会に受容されるためには，大学・学会，横幹連合，横幹技術協議会・企業というステークホルダが相互に連携するような取り組みが重要になる．大学・学会からは専門知が横幹連合に提供され，横幹連合によって「横幹連合コンファレンス」が知の交流の場として会員学会に提供されている．また，企業からは，現場知が横幹連合に提供され，横幹技術協議会を通じて，会員企業には「横幹技術フォーラム」「横幹プロジェクト」が提供されている．これらの取り組みによって，横幹知が成果として横幹連合から，大学・学会ならびに企業に供給されることだろう．

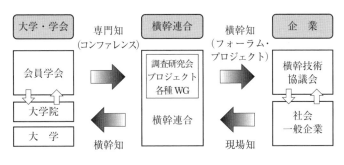

図 4-4　横幹知の発展に向けた取り組みイメージ

第5章

統合知による課題解決型人材の育成

長田 洋

1. はじめに

　今，日本の企業や社会では多くの問題が続出している．たとえば自動車のエアバッグのリコールは国内外に及び，食品における異物混入などの品質事故は記憶に新しい．また工場の火災，爆発も大企業で起こり，生産停止を余儀なくされている．

　さらに不正会計，耐震ゴムの品質偽装，燃費データ不正，論文のねつ造，顧客名簿の流失などの事件が数多く発生しており，大きな社会問題に発展している．

　一方，このような問題とは別に，炭酸ガスの排出量の増加は止まらず，地球温暖化が進行しており，改めて循環型社会の具体的な構築が地球規模での課題になっている．さらに成長を加速したい日本はイノベーションの創出，TPP の実現，農業の改革など多くの課題に直面している．

　このような企業や社会における問題や課題（以後，これらを広義の「課題」と呼ぶ）の解決が急務となっており，課題を解決できる人材の育成が求められている．

　本章では統合知により課題を解決する科学的な方法について解説する．

2. 問題と課題

「問題」とは図 5-1 のように現状のレベルが満足すべき水準，合格規準・規格（あらなければならない状態）に到達しない場合を指し，品質不良，安全性欠如など，さまざまな不具合が「問題」となる．このような問題の解決，すなわち再発防止のためには問題を分析し，その原因を究明し，原因の除去（対策）が求められる．

一方，「課題」とは現状では問題ではないが，将来のビジョンや目標，つまり，ありたい状態に現状が到達していない場合である．たとえば，社会の持続的成長や企業が将来の発展のために国内中心の事業推進からグローバル展開により事業構造を転換することなどがこれに相当する．この課題の解決，すなわちビジョン達成のためには戦略の策定やその戦略を実現するための方策の考案・設定が求められる．このように問題の解決と課題の解決（ビジョン達成）とではそのアプローチが大きく異なっているが「問題」と「課題」を併せて「（広義の）課題」と呼ぶことが多い．本章ではこれにならい，問題解決法を課題解決法と同義語として扱い，主に問題解決法についてその考え方，手法などを述べる．

図 5-1 問題と課題（広義の課題）

3. 問題解決における科学的探究法

〔1〕問題解決プロセスにおける科学的方法の論理

R. デカルトは名著『方法序説』（1637 年）[1] において科学的方法は以下の四つの論理から構成されることを述べている．科学的な問題解決プロセスもこの論理に立脚している[2].

①明晰判明の規則：明らかに真理であると認められたものだけを判断の基礎とする.

②要素分解：解決可能な要素に分割して考察する.

③認識の進め方：単純なものから複雑なものへ, 自然な順序で認識を進める.

④総合化：見落としのないことを十分に確かめて完全な列挙と再検討により全体を再構成する.

これらの論理を問題解決法に適用すると以下のステップになる.

（a）問題の特定化

　現場・現実・現物の3現主義に沿って問題を発見し, 複雑な問題を可能な限り分解し, 問題を特定する（上記論理①②）.

（b）問題の原因分析と原因の検証

　問題の原因となる候補（「要因」と呼ぶ）を技術知識や経験知などさまざまな知識を活用し（統合知の活用）, 重複なく, もれなく列挙し, 体系化する. この列挙された要因が仮説である. この要因を観察, 収集したデータ, 実験などにより検証する（仮説検証）. その結果, 要因と結果（問題）との因果関係が有意と検証された要因が問題の原因として推論される（上記論理②③）.

（c）原因の除去のための対策の考案

　上記のステップで推論された原因を除去するための対策案を技術知識, 経験知を踏まえて考案する（上記論理④）.

（d）対策の実施とその有効性の検証

　対策案をその有効性, 緊急性や投資コストなどの困難度を考慮し, 優先順位付けし, 実施し, 実施結果の検証を行う.

（e）効果が検証された対策の標準化・実施

　実施された結果, 効果が検証された対策案を標準化し, 恒久的に実施する.

〔2〕科学的探究の方法

　前述の問題解決のステップで用いられる科学的な方法として以下に述べるロジカルシンキング（論理的思考による構造化）と仮説推論が挙げられる.

(1) ロジカルシンキング

　これは事象を論理的思考により構造化し，思考プロセスを可視化する方法論で，階層展開するロジックツリー（Logic tree，別名「系統図法」）が代表的な手法である．ロジックツリーの活用方法は次の第4節で述べるが，ロジックツリーには問題の発見・特定化に活用される What tree，原因分析やドリルダウン（階層展開）に用いられる Why tree，対策を考案するための How tree などがある．

(2) 仮説推論

　科学的探究では帰納法，演繹法と並んで有効な思考方法に仮説推論（Abduction）がある．仮説推論は，観察により仮説を提案し，それを事実，データにより検証する仮説検証を行う．このプロセスは Plan（仮説の提案）−Do（仮説を実施）−Check（検証）−Act（新たな仮説の探索）を繰り返し，有意と判定された仮説が採用される．定量的な仮説検証では統計学における仮説検定が非常に有効である．

4.　問題解決のステップと手法

〔1〕問題の発見と特定化

　問題の発見には複雑な対象を構造化し，階層展開する What tree が有効である．この手法により展開された事象・項目を規準と照合し，不具合・不満足の程度を評価し，問題を発見でき，その評価結果から解決すべき問題の特定化が可能となる．

　図5-2は企業経営の財務業績を反映する ROA（Return on Asset，総資産利益率）を What tree により分解・階層展開した例である．展開された各項目を自社の規準に照合することで，経営上の問題が発見できる．

〔2〕問題の原因分析

　次に特定化された問題の原因分析には Why tree や仮説推論（仮説検証）

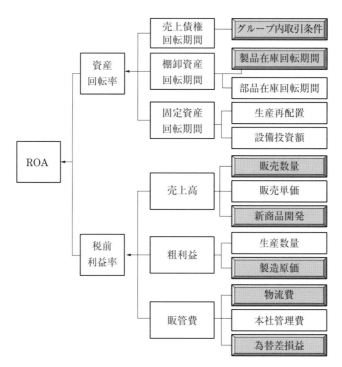

図 5-2 経営課題の分解例（What tree）

が活用される．この原因分析では，1950 年代に故石川馨・東大教授が，工業現場での不良品の観測・分析から帰納法により開発した特性要因図がよく知られている．

特性要因図は図 5-3 のような Why tree を使用し，特性（結果）と要因（原因の候補）を Why tree により整理し，Man（人），Machine（設備・機械），Material（使用される原材料），Method（作業方法），Environment（作業環境）という，いわば 4M＋1E という視点をフレームワーク思考により，重複せずに，もれなく要因を階層展開する手法である．これは品質不良を減少させ，製品品質の向上を目的とする品質管理の重要な手法として今日，世界的に活用されている．図 5-3 にその特性要因図の一例を示す．これは安全作業に影響する要因を作業者，作業服装，機械・工具，標準作業，作業環境

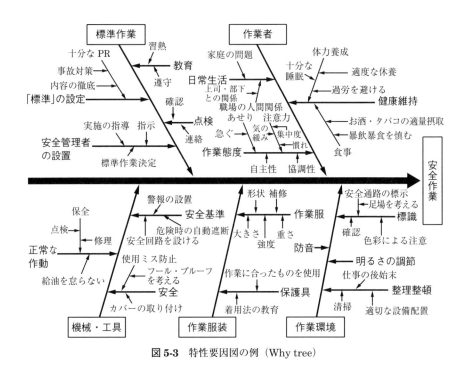

図 5-3 特性要因図の例（Why tree）

など前述の 4M ＋ 1E のフレームワークにより分類，整理し，階層展開した例である．世界的な改善活動でよく知られるトヨタ自動車では，この Why tree のドリルダウンを 5 回繰り返すほど日常における問題の原因究明，すなわち問題解決活動が定着している．

　また，これらの要因を仮説としてデータにより因果関係を検証する手法は統計的仮説検定法が有効であり，統計学の知識を用いて原因の特定化を進め，技術知識，業務知識により，その因果関係を確認する．この統計的な仮説検定法も品質管理では広く活用されている．

〔3〕対策の考案と実施

　特定された問題を引き起こす原因は，適切な対策により除去することで同種の問題の再発防止へとつながる．その対策は技術知識，業務知識を用いて

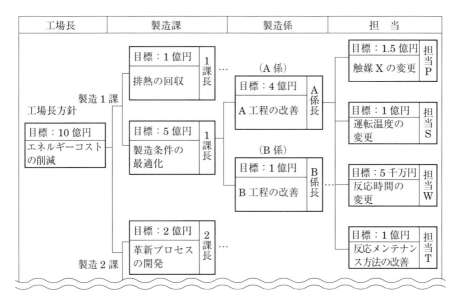

図 5-4 X 社・A 工場のエネルギーコストの低減（How tree）

考案される.

　図 5-4 はエネルギーコストの削減に関する方策を展開した事例である（How tree）.

　考案された対策は，有効性（効果の大きさ），緊急性，困難度（技術的困難度，投資コストなど）を評価し，実施の優先順位を決め，実施され，効果の検証を行う.

〔4〕対策の標準化・実施

　実施された結果，効果が検証された対策案を標準化し，恒久的に実施する.

5. 問題解決プロセスの定式化

　このように進められる問題解決のステップを定式化すると図 5-5 になる. これは品質管理では「QC ストーリー」として定着しており，現場での問題

図 5-5　問題解決のステップ（QC ストーリー）

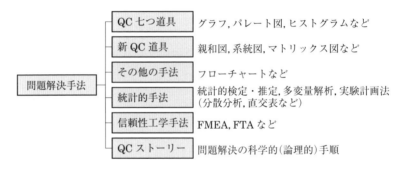

図 5-6　主な問題解決手法

解決活動（改善活動）のステップとして知られている.

　また，問題解決には図 5-6 に見られるように統計的手法，QC 七つ道具などの品質管理手法，信頼性工学手法など多くの手法が統合知として活用されている.

　問題解決活動には科学的思考法，多くの学問の成果である手法（知識）の統合化，そしてそれらの現場に根ざした実践が不可欠である.

　日本のものづくり，特に品質管理が世界的にすぐれており，世界をリードしているのは，このような問題解決活動（改善活動）を企業の職階を越えて

表5-1　現場で活用される基礎的な問題解決手法例

目　的		主な手法	適用例
現場のプロセスの改善	問題点の把握	パレート図	解決すべき問題の優先順位をつける
		親和図法	混沌とした状態の中から抽出した言語データの相互関係を明らかにし，解決すべき問題を発見する（KJ法と同一）
		マトリックス図法	問題としている事象の中から，対になる要素を見つけ出し，相互の関連の度合いを明らかにする
	現状の把握と要因の解析	特性要因図	あらゆる要因を抽出し，特性に影響を及ぼす要因を4M + 1Eのフレームワークで整理・体系化する
		ヒストグラム	作業者，作業方法などにより層別したヒストグラムを作成し，分布の姿や規格値との関係を調べる
		散布図	要因と結果の対のデータを取り，相関の有無を調べる（相関図と同一）
		チェックシート	問題となる原因や不良の減少度をチェックしグラフ化したり，図表化する
		グラフ	データの整理に使う．時系列による動きは折れ線グラフ，比較は棒グラフ，比率は円グラフにする
		マトリックスデータ解析法	マトリックス図法により，要素間の関連度合いが数値化できる場合に，数値を計算することによって，さらに明確化させる（主成分分析法と同一）
	対策案の検討と改善計画	連関図法	複雑に絡み合う事象についてその因果関係を明らかにする（高度な特性要因図）
		系統図法	目的・目標を達成する手段を下位の目標に置き換えることを数回展開し，最終目的目標を達成する方策を明らかにする（ロジックツリー（How tree））
		PDPC法	事態の進展とともに，いろいろな結果が想定される問題について，望ましい結果に至るプロセスを定める（リスク回避の手法）
		アローダイヤグラム法	最適な日程計画を立て，なおかつ効率よい実施を管理する（PERTと同一）
	改善結果のチェック	管理図	改善の実施前と実施後を比較し，効果をチェックする
		ヒストグラム	
		パレート図	
		グラフ	
現場のプロセスの管理	プロセスのチェック	管理図	管理限界線外に点が出る，点の並び方のクセ等の管理異常の有無をチェックする
		チェックシート	点検用チェックシートを用い，点検する

管理職から現場の作業者に至るまで全員が学習し，それを全員が実践できることが大きな理由である．表5-1には現場で活用されているQC七つ道具や新QC七つ道具などの基礎的な問題解決手法の例を紹介する．

このように科学的な問題解決能力を有する課題解決型人材が日本の強みとなり，企業・産業の競争力の源泉になっているのである．

6. おわりに

本章では（広義の）課題解決方法を問題解決方法に限定して解説したが，統合知により課題解決能力を有した人材が企業や産業の成長，イノベーションに大きく貢献していることを強調したい．日本の発展のためにもこのような課題解決型人材の計画的な育成が望まれる．

また本章では触れなかったが，ビジョン達成型である（狭義の）課題解決方法もイノベーションの視点から研究が進んでおり，品質管理ではその一つの方法である「課題達成方法」が考案されている．これらの方法は別の機会に紹介したい．

第 6 章

知識科学的方法論の全学展開による
イノベーション創出人材の育成

神田 陽治・西中 美和

1. はじめに

　知の統合（統合知）というとき，常に記憶に蘇るのは，子供の頃に読んだ古典中の古典 SF『宇宙船ビーグル号の冒険』[1]（1950 年）に出てくる，Nexialism（情報総合科学）である．宇宙船ビーグル号には，多数の専門家が乗船しているが，専門家の思考にはまり，互いに対立し，問題を解決することができない．ビーグル号に乗り込んだ唯一の Nexialist（情報総合科学者）が問題を解決していく過程がスリリングに描かれている．深い専門知が否定されているわけではなく，むしろそれらを前提に，的確な状況判断（問題把握）の後に，広く専門知を組み合わせて問題解決する学として描かれている．出版後 70 年近く経過し，大量の医学論文を読んで新しい治療法を提案する人工知能などの報道が目新しいものでなくなりつつある今日，Nexialism を知の統合の一つの理想形とするなら，知の統合の将来の主役は人間でなく，コンピュータになっていくという予測が成り立つ．

　この予測に立てば，次のような疑問が浮かぶ．統合知を実現する人間の役割は残っているのか．残っているとすればそれは何で，それを担える人材をどのように育てればよいのか．

一つ確実にいえることがあるとすれば，平均的な専門的職業がなくなっていくと同様に，平均的な知の統合力を持つ人材への需要も，同じペースでなくなっていくだろうことである．文献[1]の著者が主張するように，機械（コンピュータ）と高いレベルでの協働ができる人材に，需要が移っていくのではないか．プログラミングができるとか，機械の指示を解釈・実行できる平均的人材のことではない．機械の振舞いから学べる人材である．

ここで，機械と協働できる能力は，他の人間と協働できる能力と共通するものがあると，我々は考える．自身の専門の思考の枠を越えられるだけではなく，専門家などという矜持を捨て，広く専門知を組み合わせて問題解決ができる人材がこれから求められる．折しも，北陸先端大では，既存の3研究科を1研究科に統合し，さまざまな専門をバックグラウンドに持つ学生を交流させ，学生の興味を広げる試みを開始した．この試みは，機械と協働する時代にふさわしい，統合知を実現できる人材の育成の端緒となると期待している．

本章では，北陸先端大の新しい試みについて，概要と背景に置いた理念を説明する．

2. 北陸先端大の新しい試み

北陸先端大（正式には，国立大学法人北陸先端科学技術大学院大学）²は，平成28（2016）年4月に，それまでの三つの研究科（知識科学研究科，情報科学研究科，マテリアルサイエンス研究科）を一つの研究科に統合し，1研究科体制へと移行した．平成28年4月より入学する学生は，全員，「先端科学技術研究科」に入学することになる．これは，修士課程に入学する者，修士課程から博士課程に進学する者，外部から博士課程に入学する者を問わない．また，石川キャンパス（石川県能美市）で学ぶ学部卒業学生，東京サテライト（品川）で学ぶ社会人学生を問わない．

研究科統合のねらいは，「未来ニーズを顕在化できる，産業界で活躍できる優れたリーダー人材を育てる」ことにある．このねらいを達成するため，

入学直後の1週間の全学オリエンテーション[3]，全学必修講義，グループ副テーマ[4]の組み合わせからなる，全新入学生対象のイノベーション教育を新設した．

3. 新設のイノベーション教育のねらい

もとより，入学時点のイノベーション教育だけで人材育成が完遂できるはずもない．本イノベーション教育では，2年間の修士課程研究，3年間の博士課程研究を充実させるための「態度」を養うことに重点を置いている．

修士課程に入学した時点では，配属の研究室は決まっておらず，仮の研究室に所属し，履修指導を受ける（博士課程の学生は，入学時に指導教員が決まっている）．修士課程学生も博士課程学生も，三つの分野（知識科学系，情報科学系，マテリアルサイエンス系）のどの分野の講義でも取ることができる．修士課程学生は，最初の期[5]が終了した後に希望を出して，正式にどこかの研究室に配属となる．学位（知識科学，情報科学，マテリアルサイエンス）が要求する講義要件を満たし，最終試験に合格すれば，学生がどの研究室に所属したとしても，望む学位を取得することが可能になる仕組みである．

このように，学修する機会を大幅に広げることで，個々の学生の関心や能力の幅を広げ，修了時点での雇用可能性（employability）を高めることが，研究科統合の最大のねらいである．しかし現実には，修士論文研究などを行うときには，教員が主催する研究室に所属し研究を行うことになるので，三つの学位（知識科学，情報科学，マテリアルサイエンス），三つの系（知識科学系，情報科学系，マテリアルサイエンス系）のどれか一つに関心を持って入学してくる学生が大半と思われる．

新設のイノベーション教育は，的を絞って入学してくる学生の意識を，いったん広げる役割を担う．そのために，

- 学生どうしの交流の活発化
- 学生の興味の幅の拡大

の2点を達成目標として，イノベーション教育を設計した．

〔1〕学生どうしの交流の活発化

　北陸先端大は，大学院大学であり，学部を持たない．そのため，本学に入学する学生の専門性のバックグラウンドはさまざまである．留学生の比率も多い[6]．たとえば，知識科学系では，いわゆる文系の学生も入学してくる．ところで人は，自分と同類（自分の仲間）の動向を重視する傾向がある（ソーシャルネットワークがこんなにも人々に受け入れられているのは，その証左といえる）．そこで，バックグラウンドが違う人々の交流を活発化させるために，入学直後の機会を捉えて，学生どうしの交流を意図的に広げることが有効と考えた．たとえば，3研究科時代には話す機会がなかった，知識科学系の学生とマテリアルサイエンス系の学生が話す機会を設けるのである．その結果，マテリアルサイエンス系の学生が，知識科学系の学生との会話から，知識科学系の科目に関心を持つかもしれない．このように，学生どうしの交流を意図的に広げ，仲間の範囲を広げることで，結果的に，個々の学生の関心を広げられると考えた．

　具体的には，入学時に，知識科学系，情報科学系，マテリアルサイエンス系の学生を意識的に混ぜた少人数の班を構成し，この班を単位に，1週間の全学オリエンテーションと全学必修講義を受けることになる．教室内で座る位置を固定し，常に同じ班でチーム活動を行わせるようにする[7]．グループ副テーマは応募性であって班構成は使わないが，この班を母体に，グループ副テーマを行う学生グループが出てくることを期待している．

〔2〕学生の興味の幅の拡大

　専門性の深化は重要だが，自分と違う専門分野の方法や結論を，自分には理解できないという理由だけで，無意識に却下してしまうことまで強化してしまっては，オープンイノベーションの時代に能力を発揮できない可能性がある．人間のみが行えると思っていた専門性も，これからは機械に急速に代替されてしまい[1]，中途半端な専門家はいらなくなってしまう時代もくる

といわれている．これからは，クリエイティブクラスと呼ばれる知的生産を行える人材が強く求められる時代になっていく [2]．

ところで，学生の自主性に任せていては，どうしても就職という短期の目標に目がいってしまう．長期的な視野に立って，学生の知的好奇心を，彼らが興味を持っている専門性から広げさせるとともに，自分にとって未知の専門性を理解しようとする知的誠実さを身に付けさせることは，クリエイティブクラスに導く教育のあり方だと考える．

そのためには，入学直後の意識が高い時期に，新しい学問領域に意識的に触れさせることが有効だと考える．たとえば，社会科学と自然科学は，学問の姿勢が異なる．論文の記述スタイルや研究方法もおおいに異なる．参照文献の引用法の違いも，その反映といえる [8]．自分の専門性以外のことに関心を持たない帰結として，互いに「相手が何を言いたいのかわからない．相手の研究の価値がわからない」という事態となることを，好ましいとする理由はない．訓練で獲得できるような専門性は機械で代替されていく可能性があるのだから，これからの学生が自分の専門性で成功するには，他の専門性を取り入れながら，より上位の専門性へと自らの専門性を持ち上げていくことが必要となるのは必至である．

幸いにも，北陸先端大には，知識科学（研究科）という資産があった．知識科学は，知識を核に社会の複雑課題に挑む学問であり，文系・理系の垣根を超えた融合領域である．知識の抽出法・活用法・創出法を探索する研究と，アクティブラーニングを重視した教育を行っている．知識科学は，どの学生にとっても未知の学問領域に映るはずである．そこで，北陸先端大が持つ知識科学という資産を生かし，知識科学的方法論を中心とした講義と演習を実施することで，学生の興味の幅を広げる．

4. 必修講義の構成

必修講義は，前半は講義形式で，後半は演習形式で構成される．表6-1に，現在の必修講義の内容を示す [9]．講義部分は，7コマから成る [10]．最初の1

表 6-1　必修講義の内容

講義 (7 コマ)	演習 (7 コマ)
1. イノベーションが必要とされている	1. 演習の手順の説明
2. リフレーミング演習	2. ビジョンの作成
3. 学内発のイノベーションの 2 事例	3. 層の項目作成：層間の関係の作成
4. エスノグラフィー・デザイン思考	4. ロードマップの作成
5. ビジネスモデルキャンバス	5. ロードマップの作成 (続)
6. ロードマッピング	6. ロードマップの文章化
7a. 試験と解説 (修士課程学生対象)	7. 発表準備
7b. 態度の重要性 (博士課程学生対象)	A. 発表会

コマでは，イノベーションについて講義を行う．イノベーションは，日本では技術革新と訳されることが多く，新しい技術を伴った改革のことであると狭く捉えられがちな言葉である．しかし，講義では，イノベーションは社会貢献までを含む広い範囲にわたることを説明する．重要なメッセージとして，イノベーションの範囲が広いことから，各入学生はさまざまな役割回りでイノベーションに参加できることを伝える．さらに，イノベーションを創造するには，専門性の限界を超えることが必要で，そのためには考え方の枠をはずすリフレーミングが鍵であると説明する．

　続く 1 コマはグループ演習にあて，「座れない椅子」「電話をかけることができない電話」など，普段は考えないようなことを意図的に考え，議論させるグループディスカッションを通し，リフレーミングを体験させる．さらに 1 コマを使い，北陸先端大の情報科学系とマテリアルサイエンス系の教員が主役となっているイノベーション事例を，二つ紹介する．

　次に 3 コマを使って，知識科学的方法論として，デザイン思考，エスノグラフィー，ビジネスモデルキャンバス，ロードマッピングを講義する．特に，ロードマッピングの講義は，後半の演習のための基礎知識を提供する役割も持っている．最後の 1 コマは，試験とその解説である．なお，前半の講義部分は博士課程学生には出席を推奨しているが，単位的には必須ではな

い．そこで試験と解説は修士課程学生のみが受講する．この時間，博士課程学生は，後述する「態度」の重要性に関する別の講義を受ける．

演習部分も，7コマから成る．ロードマッピングの講義を踏まえ，ロードマッピングの演習を，計7コマ分を使ってチーム演習形式で行う．最初の1コマで，ロードマッピング演習の演習課題を説明し，残りの5コマが演習の本体である．最後の1コマは，発表会の準備作業に使う．その後，ロードマッピングの発表会を，全学必修の講義枠とは別の時間枠で行う．

5. ロードマッピング演習

ロードマッピング演習は，ロードマップを作成する演習である．ロードマップは，本質的には2次元の図解フレームワークであり，次元の一つが時間軸となっているものを指す．ロードマップの典型が，製品開発ロードマップであり，どのような製品をどのように市場に出していくかの時間軸に沿った計画を1枚で図解する．製品開発ロードマップのもう一つの次元は，企業内の関連組織（営業部門，製造部門，技術部門，保守部門，人事部門など）である．要するに，製品開発ロードマップは，企業としてタイムリーに製品を市場に出していくために，各関連組織はいつ何をすることに責任を持たねばならないかの合意を凝縮したものである．

ロードマッピングという言葉は，ロードマップを，各関連組織の人々が集まって作る作業（プロセス）を指す．ロードマッピングの本当の目標は，ロードマップという成果物を作ること（だけ）ではない．このことは重要なので，以下に説明を加える（ロードマッピングの詳細は，文献[3]を参照）．

ロードマップが簡単な構造（2次元のフレームワーク）をしているのは，意図的である．簡単な表現になっているからこそ，ロードマップを作る作業に誰でも参加できる．だがロードマップの簡単さは，ロードマッピングの簡単さを意味してはいない．他人が作ったロードマップを見て「こんなものは簡単」と思っても，いざ，白紙から作ろうとすると簡単ではないことを経験するに違いない．

組織において，本当に難しいのは計画書を作ることではなく，それを実行することである．外部コンサルを雇って報告書ができても，実行されず何も解決されないことはよく聞く失敗例である．現場の人間が納得していない計画では，先へ事が進まない．実行するには，関係者の間でのすり合わせ（アラインメント）と，関係者の一人一人の決意（コミットメント）を創り出せなくてはならない．

　ロードマッピングの本質は，組織のすり合わせ（アラインメント）と，実行の決意（コミットメント）を創り出すための方法論にほかならない．それゆえ，全新入学生に，ロードマッピングを演習付きで体験させることは，産業界で活躍できる優れたリーダー人材を育てることの基礎となる．

　図 6-1 は，学生が作成したロードマップの一例である [11]．自動販売機メーカーの従業員になったつもりで，社長の命で，新市場創出を目標に，3 世代にわたる自動販売機の新製品のロードマップを作れ，という課題である．学生は自動販売機メーカーの従業員ではないし，大半の学生は企業で働いた経験もないので，現実味があるロードマップができたかといえば，おおいに疑問である（実際，図 6-1 のとおり）．

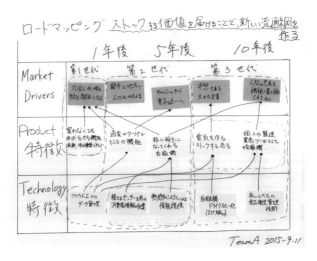

図 6-1　学生が作成したロードマップの例

しかし，学生に感想を求めると，最初は作業をこなすことに精いっぱいだったが，追い込みの作業でどうにか形にするなかで，「自分たちの思いを反映した作品」となったという．この経験こそが，アラインメントとコミットメントの疑似体験となっていると考える．すなわち，他人から見ると絵であっても，熱心に議論を重ねることで，ある時点からは，自分たちの思いを表明した「作品」となったと考えられる．この境地に達すれば，自分の考えを他人に説得力を持って説明できるようになる．この変容体験（アラインメント＋コミットメントの体験）を経験してもらうことが，稚拙なロードマップしかできないことを承知で，ロードマッピング演習を行うねらいである．

手順に従って機械的に進めても，自動的に，組織の間のすり合わせ（アラインメント）や，各人の決意（コミットメント）が生まれるわけではない．アラインメントやコミットメントを得るには，真摯な態度で臨んでもらう必要がある．それは，避難訓練に似ている．本番で生き残るためには，訓練に臨む態度が重要である．

以下では，アラインメントやコミットメントを生むために，有効な態度を具体的に説明する．本必修講義では，博士課程学生は，この態度の重要性に関する特別の補足講義を受講後，後半のロードマッピング演習を受講する．演習に参加するにあたって，修士課程学生を導き，アラインメントやコミットメントを自ら生み出す体験をしてもらうのが理想である．

6. 演習に臨む態度

我々が推奨するのは以下の三つの態度であり，この順で意識して取ることを推奨する．文献[4]から抽出したものだが，その有効性は，著者らのこれまでの体験とも符合する．

1. 「保留の態度」（いつもの判断を保留せよ）
2. 「共感の態度」（自分が相手の立場だったら）
3. 「内観の態度」（外に原因・解決を求めるな）

最初の「保留の態度」は，自分の価値観で即断をしない態度を指す．相手の発言に対し，自分の（立場や知識，特に専門知識に基づいた）即断を凍結することが，第一に重要である．なぜなら，自分の専門性に基づいて，相手のいうことを即断し，相手のいうことを理解しようとしないなら，アラインメントは生まれようがないからである．

　次の「共感の態度」は，相手の立場で考えるという態度を指す．もし，自分が相手の立場だったら，問題・課題がどう見えるかを考えよ，ということである．いわば，仮定法で考えてみることに当たる．相手の立場にたってみたら，相手がそういうのも無理はない，と視野を広げるところからアラインメントは始まる．話を聞く前は，相手との話し合いなんか無意味だと思っていたが，話してみると実は道理がわかる人だったということがある．立場が物をいわせていることがある．

　「内観の態度」は，もっとも理解しにくく，もっとも達成が難しい態度である．人は，一般に外部に原因を求める．「問題が解決しないのは，自分が悪いせいではなく，どこか別に原因がある」と（深い思考なしに）考えがちである．現実には，いろいろな要因は深いところでつながっている．眼前の要因はつながっていないように見えても，地球を一つのシステムと見るところまで視野を広げれば，誰もが問題・課題に関わっているはずである．その理解に達すれば，問題を他人事と拒否するのではなく，自分が問題解決のために為せることが「自ずと」わかってくる．たとえば，「地球上の資源には限りがある」ことを深く理解した後の消費行動は，それ以前の行動とは変わってくるに違いない．このように，内観とは，全体像を謙虚に受け入れることで，問題の原因を外に求めず，自分も問題の原因の一部であり，自分も問題の解決に貢献できるという結論に至ることを指す．この境地に達すれば，関係者が各自の役割において，自然と他の者とアラインメントするコミットメントに導かれることになる．

　この一連の態度，「保留・共感・内観」の態度をたとえていえば，画素数が格段と大きくなったカメラを使って，撮影することに似ている．大きな画素数で問題が頭に入れば，"問題の細部が頭に入っていると同時に全体が見

える状態"となる．問題の全体像が頭に入れば，"自然と，今このときに，自分が為すべきことが見えてきて"，さらに，問題の詳細が共有されているので，解決策も自然と合意できるものが見えてくる．それゆえ"自然と全員の為すべきことがアラインメント（整合）する"．

7. 振り返って

　新設のイノベーション教育の内容について説明した．本イノベーション教育の対象は，入学直後の全新入学生である．異なったバックグラウンドを持つ学生どうしの交流を活発化し，また，知識科学的方法論の講義や演習を通して，学生の興味の幅を拡大する．

　現時点で振り返って，もっと強いメッセージで学生に伝えたほうがよいと考えている点が2点ある．

　第一に，これからの時代，イノベーションは一人で行うものではない．専門知識などは，協力者を見つければよい．いまやネット経由で，優れた人材を世界中から何人でも調達することができる．

　第二に，リフレーミングすることは難しいが，発想を変えれば，リフレーミングを起こすことは簡単である．競争が激しい世界を離れ，自分の専門性と違う世界に果敢に飛び込めば，自身の専門の発想そのものが，違う世界の人々にとってはリフレーミングになる．

　しかし，専門知識を調達するにせよ，自分の専門性と違う世界に飛び込むにせよ，異なるバックグラウンドを持つ人と協調できる能力を持っていることが前提となっている．いわゆるコミュニケーション能力では，友達にはなれても，協調は生み出せない．アラインメントとコミットメントを生み出す能力を持っていることが必要となってくる．結論的にいえば，協調，共創のスキルを早い段階で学ばせることが，これからの横断的人材を育てるうえで重要だということである．そして，協調，共創のスキルを学ばせる方法の一つが知識科学的方法論なのである．

第7章

PBL 型学習で統合知を獲得する

──横断型人材育成の実例

川田 誠一

1. 知の統合（統合知）とは何か

　横幹連合（横断型基幹科学技術研究団体連合）の英語名称は Transdisciplinary Federation of Science and Technology である．ここで横断型という言葉は Transdisciplinary という英語で表現されている．一方で知の統合という言葉は Consilience という英語の翻訳であろうと考えられる．また，Interdisciplinary とか Multidisciplinary などの言葉もある．統合知とは何かを述べる前に，このような言葉について少しだけ振り返ってみたい．

　M. Gibbons ら[1]が統合知について論じているが，彼らは知識の生産を二つのモードに分類している．第一のモードは伝統的な純粋学問の分野であり，物理法則などの理論的な知識を生産することを目的とするものであるとしている．第一のモードの研究の質は学会誌の査読システムの中で担保されるようなものである．これを "Disciplinary Science" と呼んでいる．次に，第二のモードは "Interdisciplinary" 型の知識体系であり，応用志向の知識体系であるとしている．第二のモードに属する知識体系では，普遍的な法則の追求よりも人工物や複雑なシステムの操作に関する知識体系が求められてい

る．この知識体系の事例として，計算機科学，化学工学，バイオテクノロジーなどの分野が挙げられている．

P. van den Besselaar ら [2] は Interdisciplinary という概念について学会誌を通じたコミュニケーションネットワークを指標として分類している．たとえば，ロボティクス分野について考えてみよう．あるロボティクスの研究者が，基幹となる学会として日本機械学会に所属し活動しているとする．一方で，電気学会や情報関連の分野の学会に所属しロボティクス研究の活動をしている研究者もいるであろう．彼らがコミュニケーションを取るには互いに分野を超えて双方が所属する学会に参加し活動することも考えられる．あるいは分野横断的に研究者が活動している日本ロボット学会を活動の場とするようなことも考えられる．このような場合，ロボティクスという分野を通じていくつかの異なった Discipline のもとに活動している研究者が学会活動を通じてコミュニケーションを取っているような分野を Interdisciplinary な分野と考えるのである．

本書では各章の著者が考える統合知を提示することから著述を始めることになっている．私の考える統合知は，純粋学問的なフロンティアではなく，産業，医療，福祉など広く社会が必要とする応用分野における課題を解決するための知の体系である．このような現実の課題は，単一の領域の知識を応用するだけで解決できる場合は少ない．むしろ問題の本質がどこにあるのかを理解することも難しいほど，さまざまな領域の問題が複雑に絡んでいることが普通である．このような課題を解決するには，一人の人間が有する統合知で解決できる場合もあれば，問題を解決するチームがチームとして有する統合知で解決できる場合もある．

このようなことから本章において統合知とは「現実の問題を解決するのに必要な総合的な知であり，統合知を獲得した一人の人材あるいは統合知を理解し活用できる人材がチームとして集合的に問題解決にあたるときに有用な知である」と定義する．このようなチームが所有する統合知を活用して現実の問題を解決するためには，チームに所属するメンバーがコミュニケーション能力やチーム力というようなコンピテンシーを獲得している必要がある．

2. 横断型人材を育成する専門職大学院大学と二つの専攻

　専門職大学院は，「専門職学位課程は，高度の専門性が求められる職業を担うための深い学識及び卓越した能力を培うことを目的とする」[3]とした専門職学位課程であり，高度専門職業人を養成することに特化した課程として平成15（2003）年に創設されたものである．平成16（2014）年には法曹（法科大学院），会計，ビジネス・MOT（技術経営），公共政策，公衆衛生などの分野の大学院などが開設されている．「専門職大学院においては，その目的を達成し得る実践的な教育を行うよう専攻分野に応じ事例研究，現地調査又は双方向若しくは多方向に行われる討論若しくは質疑応答その他の適切な方法により授業を行うなど適切に配慮しなければならない」[3]などと授業の方法についても専門職大学院の目的に合致したものであるように定められている．

　このような経緯のなか，東京都が従来の都立の大学を発展的に統合した公立大学法人首都大学東京の下に，平成17（2005）年には総合大学としての首都大学東京が開学し，平成18（2006）年に情報分野と産業デザイン分野の専門職学位課程だけからなる産業技術大学院大学が開学した．開学から10年の間に法で定められた7年ごとの基幹評価と専門職大学院にだけ課せられた5年ごとの分野別認証評価を受け，PDCAサイクルが機能して現在に至っている．

〔1〕2回目のPDCAサイクルに入った情報アーキテクチャ専攻

　インターネットなどの情報技術が広く普及した現在では，コンピュータ，ネットワークなどから構成される各種の情報システムが社会の仕組みを構成している．ここでの情報システムとは，企業などが利活用しているコンピュータ，ネットワークなどから構成される仕組みの総称である．情報アーキテクチャ専攻では，これらの情報システムの開発の現場で活躍できる「情報アーキテクト」を育成することを目的としている．先に述べたように，現実の課題解決には分野横断的な知識・スキルが必要である．そしてIT分野の高度専門職業人の養成のためのカリキュラムを設計する際には，経済産業省が定

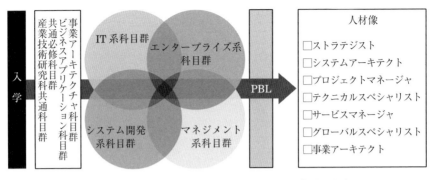

図 7-1 情報アーキテクチャ専攻の履修の流れ（出典：[4]）

めた ITSS（IT スキルスタンダード）を参照して授業体系を構築した．専攻設置から 10 年が経過し，2 回目の PDCA サイクルに入った．この間カリキュラム改正や PBL（Project Based Learning）の評価システムを改善した．

　この授業体系において情報アーキテクトとは，情報システム開発のための各種の IT 高度専門職技術者であり，共通キャリア・スキルフレームワーク（CCSF）の「ストラテジスト」「システムアーキテクト」「プロジェクトマネージャ」「テクニカルスペシャリスト」「サービスマネージャ」および，本学が独自に設定した「グローバルスペシャリスト」「事業アーキテクト」にわたる範囲の人材像の職種をカバーするものとしている．この職種は分野横断的にさまざまな領域で IT を駆使して活躍する横断型人材であり，図 7-1 に示すように 2 年次の PBL 型授業科目で統合知を獲得する．

〔2〕2 回目の PDCA サイクルに向かう創造技術専攻

　創造技術専攻では感性と機能の統合デザイナーとしてイノベーションをもたらす人材，すなわち「ものづくりアーキテクト」を育成する．これは，次のような人材に分類できる．

- マーケットの潜在的な期待に迫り，顧客に未来を語ることができ，次世代の製品やサービスのあるべき姿を描くことができる人材（商品企画責任者）

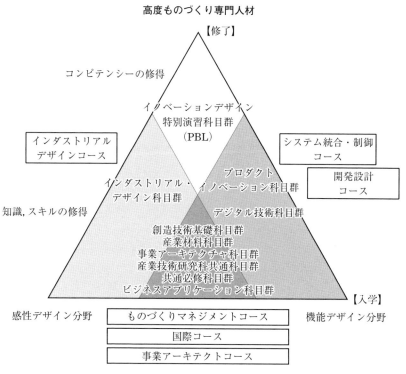

図 7-2 創造技術専攻のカリキュラムの構造（出典：[4]）

・感性デザインと機能デザインの知識を駆使して最適設計から製造までを
マネジメントできる人材（開発責任者）

創造技術専攻では，これら二つの職能を兼ね備え，ものづくりのスペシャ
リストたちを組織化し，顧客の潜在的な期待に迫り，感性を駆使して機能を
実現する構造を創出し，人々に具現化された新たな価値を提供できる人材，
つまり顧客のベネフィットを最大化する製品やサービスを創造的，合理的に
開発できる人材を育成することを目標に，学修内容を設計し，認証評価の過
程で PBL 評価手法を改善してきた．

図 7-2 に創造技術専攻のカリキュラムの構造を示しているが，感性デザイ
ン分野（プロダクトデザインなど）と機能デザイン分野（工学領域など）を

統合した感性と機能の統合デザイナーを育成するために，2年次にPBL型授業科目を配置している．

3. 統合知を活用するチームのメンバーが必要なコンピテンシー

ここでは「コンピテンシー」を，実社会における個人の能力を表す概念であり，高度な業務遂行能力を表すものとする．産業技術大学院大学ではメタコンピテンシーとして，「コミュニケーション能力」，「継続的学習と研究の能力」，「チーム活動」の三つを設定した．そして，情報アーキテクチャ専攻においては，「革新的概念やアイデアの発想力」，「社会的視点およびマーケット視点」，ニーズ分析力，ドキュメンテーション力，モデリングとシステム提案力，マネジメント力，ネゴシエーション力の七つのコアコンピテンシーを設定した．また，情報アーキテクチャ専攻では，専門職学位課程（専門職修士）修了時点で次のように修了者のレベルを定義することとした．

レベル1　その業務に必要とされる基礎知識を修得している．
レベル2　監督者から与えられる機能設計に基づき，モジュールの開発を実施できる．
レベル3　開発システムに関する明確な要求仕様があれば，これをモジュール分割し，設計・開発ができる．
レベル4　あいまいな仕様から，論理的枠組みを設定し，ユーザに説明可能な仕様を導き，これを設計・開発できる．
レベル5　システムのライフサイクル全体に関するビジョンに基づくシステム設計が可能である．

一方，デザインとエンジニアリングの統合・融合人材を育成するために設置した創造技術専攻で定義したメタコンピテンシーとコアコンピテンシーの詳細は以下のとおりである．

（1）メタコンピテンシー
（ア）コミュニケーション能力

- コミュニケーション：異なる知識背景を持つプロジェクトのメンバーとして，自らの意見を伝達し，意思疎通を図ることができる．
- リーダシップ：プロジェクトリーダーとして，プロジェクトメンバーの意見を集約するとともに，意欲を喚起することができる．

（イ）継続的学習と研究の能力

〈自己成長力〉

- 主体性：主体的に行動でき，しかも自分の行動に自己責任をもって行動できる．
- 計画性：目的を実現するための問題を抽出し，問題を解決するための手段，方法の準備と実行スケジュールを順序だって立案できる．
- 継続性：困難さに出会っても，また，なかなか目的を達成できなくても，自分の行動に意味があると信じ続けることができ，モチベーションを保つことができる．

〈探究心〉

- 問題の発見：通常の活動の中から問題に気づき，その問題を定義することができる．
- 問題の分析：問題を分析し，根本となる解決課題を明確にすることができる．
- 問題解決方法の構築と実践：問題に対する論理的な解決方法を構築し，解決に向けて実践することができる．

（ウ）チーム活動

- 学際的なチームワーク：多分野にわたる学際的なチームメンバーの中で，積極的にチームワークに参加することができる．
- 歴史認識：社会の歴史を正確に理解し，技術の立場や果たすべき役割が認識できる．
- 技術倫理：技術の社会・環境的影響を正確に把握し，適切な技術の運用ができる．
- 環境・グローバル認識：環境の仕組み，および地域や国際社会の特徴を理解し，その保全・維持・発展に貢献できる．

（2）コアコンピテンシー

　（ア）発想力（Idea Innovation）

- 企画アイデア力（planning）：アイデアを生み出すことができ，それをプロジェクトの企画へと発展させることができる．
- 実現アイデア力（realization）：実現段階においても，さまざまなアイデアを生み出すことができ，製品・システムの実現に役立てることができる．
- 独創力（originality）：独創的なアイデアを生み出すことができる．また，自らのアイデアに対し，独創性を確認する調査を行うことができる．

　（イ）表現力（Expression）

- 要求定義力（requirement definition/specification）：アイデアやニーズ，シーズなどさまざまな情報をもとにしながら，システム化に必要な要求事項（何を，どのように開発するか）を，抽出することができる．
- 提案力（proposal）：自らの考えを整理し，伝えるべき内容を秩序立てて，わかりやすく誤解なく，相手に伝達することができる．
- 可視化力（visualization）：表現すべき内容を，作成する模型や図などのあらゆるメディアを通して表現できる．

　（ウ）設計力（Engineering Design）

- 機能デザイン力（functional design）：仕様を実現するための実現手段を選定することができる．
- 感性デザイン力（kansei design）：感性に基づく審美的評価・分析能力を持ち，的確に編集することができる．
- 機能と感性の統合力（integration）：製品・サービスを具現化するために，機能と感性を統合・融合させることができ，適切に調整を行うことができる．

　（エ）開発力（Development）

- 開発準備力（preparation）：適した材料，部品，加工法などの実現手

段を選定できる．開発環境（プラットフォーム）の選定ができる．要素設計（寸法を決める，パラメータを決める）ができる．

- 実装力（implementation）：プログラミング・加工を行うことができる．設置（部品などの要素を適切に設置する），組み立てを行うことができる．
- テスト・問題解決力（experiment）：実験（テスト）方法を考えることができる．実験結果に基づいて，最適化を行うことができる（パラメーターなどの調整，前工程への戻り）．

（オ）分析力（Analysis）

- データ解析力（data analysis）：実験などで得られたデータを適切な手法を用いて解析処理し，問題原因の特定やパフォーマンスを評価できる．
- ユーザビリティ評価力（usability evaluation）：ユーザビリティ評価技法を用いて評価・分析することができ，ユーザが使いやすく学習しやすい製品に改善することができる．
- マーケットリサーチ力（marketing research）：マーケットリサーチデータに基づいて，ニーズを抽出したり，ニーズ適合性を評価したりすることができる．

4. コンピテンシーを獲得するための PBL 型学習

　産業技術大学院大学では各種基礎・専門科目の学修により，知識・スキルとともに一部のコンピテンシーを修得し，その後の PBL 型教育により，本格的にコンピテンシーを修得することを目標としている．

　実施している PBL 型学習の特徴は，（1）社会の活動に近く，大規模なプロジェクトであること，（2）工学系の PBL 型教育であること，（3）産業界の声を取り入れたテーマ設定であること，（4）きめ細やかな指導と客観的基準に基づく成績評価であること，（5）多種多様な経歴のメンバー構成であること，（6）学生 5 名程度のチームに 3 名の教員が指導することなどである．

情報アーキテクチャ専攻の PBL 型教育は情報システム学特別演習 1 およ
び 2 である．2 回の認証評価の結果を踏まえ，評価手法の改善などを経てシ
ラバスも詳細化された．表 7-1 に平成 26（2014）年度のシラバスの抜粋を
示す．

表7-1　情報系の PBL 型授業科目のシラバスから一部抜粋

目的・ねらい	入学時に持ち合わせた知識に加え，1 年次に修得した知識を応用して，企業や組織での実業務を実施できる高度 IT 人材を育成する．高度 IT 人材に期待されるコンピテンシーを，プロジェクト活動を通じて身に付ける．さらに前期の PBL 活動で得た知識やプロジェクト実践力を反省し，次のステップへの改善を行う． 修得できるコンピテンシー： コミュニケーション力（レベル 4）　システム提案・ネゴシエーション・説得，ドキュメンテーション 継続的学修と研究の能力（レベル 4）　革新的概念・発想，ニーズ・社会的・マーケット的視点，問題解決 チーム活動（レベル 4）　リーダーシップ・マネジメント，ファシリテーション・調整
到達目標	上位到達目標：「PBL プロジェクト説明書」に記載されたプロジェクトごとのコンピテンシーの評価基準でおおむね 4 以上の評価を受ける．これはそれぞれの分野で人を指導しながら業務を遂行できるレベルである（高度情報処理技術者試験に合格するレベルであり，ITSS レベル 4 に該当する）． 上位到達レベル（概して 80 点〜 90 点） 最低到達目標： 「PBL プロジェクト説明書」に記載されたプロジェクトごとのコンピテンシーの評価基準でおおむね 2 以上の評価を受ける．これはそれぞれの分野で一人で業務を遂行できるレベルである（応用情報処理技術者試験に合格するレベルであり，ITSS レベル 3 に該当する）． 最低到達レベル（概して 60 点〜 70 点）
成績評価	PBL 活動への参加度や成果物の量や質による評価（100 点満点）とコアコンピテンシー獲得度の評価（100 点満点）を平均する．前者は PBL 活動を評価するもので，後者は獲得したコンピテンシーという汎用的な能力の評価を行うものである． PBL 活動の評価は，活動の質と量，および成果物の質と量の四つの視点で評価項目をさだめ，合計 100 点満点になるように評価する．また獲得したコンピテンシーの評価は七つのコアコンピテンシーごとに，0 〜 5 の評価基準を作成し基準の達成度により点数をつける．活動の評価とコンピテンシーの評価項目や評価基準は PBL ごとに作成する．

5. おわりに

　統合知の定義を個人だけではなくチームに広げて考えた．また，このような知の獲得にはコンピテンシー教育が重要であるとして，専門職大学院の事例について述べた．

第8章

システム統合知の実践による人材育成

白坂 成功

1. はじめに

　慶應義塾大学大学院システムデザイン・マネジメント研究科（慶應 SDM）[1] は，2008 年に新設された日本に類例のない学問分野横断型の大学院であり，修士課程と博士課程から成る．コンセプトは，工学，理学，経済学，経営学，法学，商学，心理学，芸術学，哲学などのディシプリン（学問分野）を超えてさまざまな対象をシステムとして捉え，それをデザインし，マネジメントできる人材の育成，すなわち，各自の専門性をもとに，さまざまなディシプリンを結びつけられる人材の育成である．本章では，慶應 SDM で行っている人材育成のうち，特徴的な科目について概説する．

2. システムデザイン・マネジメントとは何か

　たとえば，科学技術の進展と世界経済の拡大がもたらした環境破壊，資源不足などのグローバルイシュー，科学技術の進展と世界経済の拡大がもたらした，先進工業化国と発展途上国の格差拡大の問題などのように，単一のディシプリンでは解決できない課題が多くなってきた．このような時代の人材は

いかにあるべきであろうか．それは，「木を見て森も見る」人材——日本が得意としてきた詳細設計力と，日本が苦手としてきた全体設計力を併せ持つ人材——であろう．後者の全体設計力は，最初に述べたようなさまざまな根本問題を多面的に俯瞰し解決するために重要である．慶應義塾大学では，創立150周年の節目に，このような総合的人材の育成を行うために慶應SDMを設立した．

　慶應SDMの「デザイン」は，工学的な設計や意匠設計のみならず，政策提言や，地域社会の仕組み，組織やビジネスをシステムとして捉え，それらの構想を考え出すことをいう．すなわち，今ない新たなシステムの「大きなビジョンを描く」こと一般といってよい．システムデザイン・マネジメント研究科は，「各学生の目指す専門職の如何に関わらず，対象をシステムとして捉え，システムの視点から，対象をデザインし，それを実現・実行するためにマネジメントできる学生」を育成する大学院である．ここでいう「システム」とは，ITシステム，ソフトウェアシステムというような狭い意味ではなく，複数の要素間の関係性によって創発するものという意味であり，ITシステム，ソフトウェアシステム，ハードウェアシステム，社会システム，人間システムなど，あらゆるシステムを包含する．なお，「マネジメント」は，単に「経営」や「管理」のみを意味するのではない．さまざまなシステムの構想から，実現，利用，そして廃棄にいたるまで，ライフサイクルを通じて運用していくこと一般という意味である．したがって，学生の分布は文理融合型であり，理工系出身者から，社会科学系，人文科学系，芸術系，農業系，体育系まで多様である．年齢層も，20代から60代まで幅広い．過半数を占める社会人学生は，会社からの派遣学生，働きながら学ぶ学生，会社をやめてきた学生から成る．出身大学も，早慶，東大，その他国内国公私立大，そして，国外大学と多様である．学生の目指すところも幅広い．IT業界でのシステムデザイン力を身に付けキャリアアップを目指すIT系の学生も多い一方，機械系・建築系などの工学，企画系・営業系・管理系などの文系も多く，教員を目指す教育系も少なくない．NPO，NGO，社会企業，起業などに興味のある，社会貢献系・自己開発系の学生も多い．今よりさらに大き

なビジョンを描く力を身に付けたいという経営者，弁護士，医師，芸術家，コンサルタント，マスコミ関係者など，すでに社会で成功している人たちも少なくない．さらには，大きなビジョンを描く力を身に付けるのみならず，学問として発展させて新しいタイプの学者になりたい，という野心的な博士課程学生も少なくない．それらの複合型も多い．

　つまり，専門職大学院でもなく，かといって，従来の理工系大学院のように「研究を通しての教育」だけを行うのでもなく，さまざまな技術システム，社会システム，人間システムをデザインしマネジメントしたい，という志を持った人々の集まりなのである．

　重要なのは，募集対象学生の条件を「すでに何らかの専門性を有する者」としている点である．「システムの視点は，要素還元的な視点を身に付けた者がそのあとで身に付けるもの」であるべきである．このため，システムデザイン・マネジメント研究科は「すでに要素還元思考を身に付けた者が，システムとしてのものの見方を身に付けに来る場」というのが基本的な立場である．もちろん，現実には，両者を身に付けたい若い新卒学生も入学している．定員は修士課程 77 名／年，博士課程 11 名／年である．

3. 教育の概要

　教育の基盤はシステムズエンジニアリングとデザイン思考であり，両者を包含するのが SDM 学であると位置付けている．システムズエンジニアリングは，前述のシステムの定義と同様，日本では IT ないしはソフトウェアの工学と狭義に捉えられがちであるが，本来の意味は広い．すなわち，技術システム，社会システム，人間システムを包含したシステムを取り扱う学問である．デザイン思考は，アメリカ・シリコンバレーのデザインファーム IDEO やスタンフォード大学 d.school が発祥の考え方で，対象を常に人間中心的に捉えながら，チームでの協創を通じて，プロトタイピングなどで何度も試し，その活動を通じて気づきを得ることを繰り返しながら新価値創造を行うための活動である．本研究科では，両者の活動，すなわち，俯瞰的か

つ系統的に大規模複雑な問題を解決するシステムズエンジニアリングに基づく問題解決（システム教育）と，イノベーティブに未知の問題を解決するデザイン思考に基づく創造（デザイン教育）を二つの柱として教育している．実際には，これらを分離することなく，融合して活用していくことが重要となるため，最近はこれを「"システム×デザイン"思考」[2] 教育と称している．

4. システム×デザイン思考教育

「"システム×デザイン"思考」教育の中心となるのが，コア科目の一つで，入学後すぐの学期で学ぶ「システムデザイン・マネジメント序論」と，プロジェクトベースドラーニング（PBL）を行う科目「デザインプロジェクト」である．大きく分けると，"何をつくるか？（What to make?）"を考えるのが「デザインプロジェクト」であり，"どうつくるか？（How to make?）"を考えるのが「システムデザイン・マネジメント序論」であるといえる（図8-1）．ただし，これらはシーケンシャルになっているわけではなく，どのようなフェーズにおいても常に両方が必要となる．システムを考える初期の段階では，"What to make?"のほうが"How to make?"よりも必要な割合が多く，後になるに従って，その割合が逆転していくが，これはマクロにみた場合の模式的なイメージであり，初期のある段階では"How to make?"が重要となることもある（たとえば，アイデアを出して，その実現性を考える場合や，どのようにビジネスとして成立させるかを考える場合がそれにあたる）．また，実際には，「システムデザイン・マネジメント序論」

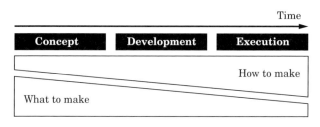

図8-1 "What to make"と"How to make"の割合

で教える内容は，より深くシステム×デザイン思考に統合されている．それについては，後述する．

「システムデザイン・マネジメント序論」では，論理的に考えること（ロジカルシンキング）と，システム的に考えること（因果関係ループを使った狭義のシステムシンキング）を学んだのちに，実現する対象であるシステムはどういうものであり，それをどのように実現し，さらにどのようにしてきちんとできているかを確認（検証・妥当性確認）すればよいかを考え，マネージするためのアプローチを，さまざまなものを対象として教える．具体的には，簡易で一般的な対象をデザインすることを学んだのち，同じ方法論・手法・プロセスを使って，ビジネス，組織，そして地域をデザインすることを学ぶ．これにより，時間的な俯瞰（ライフサイクル）と空間的な俯瞰（コンテクストとコンテンツ）を行いながら，目指す目的を明確にしたうえで，その目的に到達するためのアプローチを理解し，そのために必要な用語が共通化されることとなる．また，対象を構造化し，可視化することにも慣れるため，チームとしてディスカッションをしながら，活動するための素地を獲得することができる．

「デザインプロジェクト」は，4月から8月にわたって行われ，チームでプロポーザ企業・事業体から出された課題を創造的に解決することを通じて，「イノベーティブに思考すること」について，そのマインドセットとスキルセットを，頭で論理的に理解し，体で体感的に理解する授業となっている．これにより，人とは違うもの・ことを，意図的にねらって考え出すことができる人材の育成を目指している．ただし，単に考え出せるだけではだめで，イノベーティブであるもの・ことを見つけ出し，そのイノベーティブさを端的に説明ができ，そのうえでイノベーティブなもの・ことを考え出し，生み出し，巻き込み，実践のできるシリアルイノベーターのような人材の育成を目指している．慶應SDMで教えるシステム×デザイン思考は，その対象とする分野を限定するものではない．そのため，プロポーザのテーマは，プロダクト，サービス，公共的な活動が入るようにしており，同じ方法論で，多様なテーマに対して結果が出るようにしている．これは，多様な学生の興味

4. システム×デザイン思考教育　*83*

に対応するためにも必要なこととなっている．このようなプロポーザのテーマに対して，4名から7名程度の学生からなるチームで，学んだ手法を駆使しながらイノベーティブなソリューションのデザインを行うのである．そのために，多様性を活用して，システム思考とデザイン思考とを組み合わせて考えることで，イノベーティブなソリューションをデザインすることを目指している．

"システム"思考とは，目的を指向しながら，全体を俯瞰的に捉えることと，それを構成する要素のつながりを系統的に捉えることを意識して，多視点から構造化して，可視化をする思考である．このような思考をもとに，システムデザイン・マネジメント序論において身に付けた目的思考のアプローチと用語を活用しながら，新価値創造という目的を目指すための思考の流れをデザインすることを行う．これにより，新しいことを偶然"思いつく"のではなく，ねらって新しいものを"考えつく"能力の獲得を目指している．

"デザイン"思考とは，対象を常に人間中心的に捉えながら，チームでの協創を通じて，プロトタイピングなどで何度も試し，その活動を通じて気づきを得ることを繰り返しながら新価値創造を行うための活動である．これらの行うマインドセットとスキルセットを身に付けるため，SDMでは，「ラーニングフェーズ」「アクティブラーニングフェーズ」「デザインフェーズ」の三つのフェーズに分けて，デザインプロジェクトを行っている．「ラーニングフェーズ」では，教員がファシリテーター役となって，教員が用意したテーマに沿って各種手法を教えることを通じて，学生がマインドセットとスキルセットを体感的に理解することを促す．「アクティブラーニングフェーズ」ではプロポーザのテーマに対して，学生は「ラーニングフェーズ」で学んだすべての手法を必ず使ってソリューションを考える．ただし，ここではプロセスや手法などのスキルセットと，そのベースにあるマインドセットの理解がメインであって，ソリューションそのものの評価はメインではない．最後の「デザインフェーズ」では，3か月間にわたって学生チームがイノベーティブなソリューションを考える．「デザインフェーズ」では「アクティブラーニングフェーズ」と異なり，手法に関する制約は与えず，学生たちで適切な

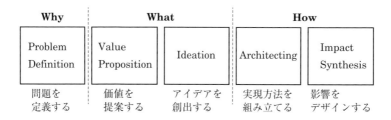

図 8-2　考えるべき三つのレベル，五つの項目

手法を選び，思考の流れを自ら考えて，イノベーティブなソリューションを出していく．ただし，単にイノベーティブなソリューションを考えるだけでは十分でない．きちんと，どういった問題を解決し（Problem Definition），誰にとってどのような価値があり（Value Proposition），それがどういったアイデアで（Ideation），それをどのように実現することができそうで（Architecting），どのようにその影響を広げていくか（Impact Synthesis）ということをすべて考えておく必要がある．それぞれ，Why（Problem Definition），What（Value Proposition と Ideation），How（Architecting と Impact Synthesis）の三つのレベル，五つの項目を 1 セットとして考えることが必要である（図 8-2）．ただし，必ずしも Problem Definition から始まるとは限らず，いいアイデアを思いついたところ（Ideation）からスタートすることもあれば，いま持っている技術（Architecting）からスタートすることもある．いずれにせよ，イタレーティブに考えながら，試しながら，これらのすべてを考え，揃えることが必要である．

　慶應 SDM では，イノベーティブに思考するためのアプローチを三つのタイプに分類している．具体的には以下の三つのタイプである．

（1）タイプ 1：Attend

　デザインされたワークショップで多様性を発揮，活用し，単発ではあるがイノベーティブなアウトプットを創出する．このタイプでは，参加者は，ファシリテーターなどがデザインした思考の流れに参加するので，"Attend" と

呼んでいる.

単発のワークショップ，短期研修などがこれに相当する.

（2）タイプ2：Habit

目的に向かって自らの思考の流れなどをデザインしながら，適切に多様性を発揮，活用し，目的到達の過程全体を通じてイノベーティブなアウトプットを創出する．自分で思考の流れをデザインすることを身に付けるという意味で "Habit" と呼んでいる.

プロジェクト型授業，実際のプロジェクトなどがこれに相当する．通常のプロジェクトでは，チームの外に，思考の流れを考え，ファシリテートしてくれる人がいるわけではなく，自分たち自身で，次にブレーンストーミングをするのか，フィールドワークにでかけるのか，といったことを決めていかなければいけない.

（3）タイプ3：Lead

目的に向かって思考の流れなどをデザインしながら，その流れの中で自分たち以外の人の多様性も発揮させ，活用し，目的到達の過程全体を通じてイノベーティブなアウトプットを創出する．自分たち以外の思考の流れをデザインして，導いていくということで "Lead" と呼んでいる.

ステークホルダを巻き込んだ製品・サービス開発プロジェクト，横断的研究の推進などで，ワークショップをデザインする側に立ち，ワークショップなどに参加する人たちの思考の流れをデザインすることがこれにあたる．プロジェクトメンバーだけでは足りない多様性を外部に求め，ワークショップを実施する場合なども含まれる.

デザインプロジェクトでは，「ラーニングフェーズ」がタイプ1にあたる．これは，教員が思考の流れであるワークショップの流れをデザインして，学生はワークショップへの参加者として多様性を発揮し，イノベーティブなアウトプットを出していくからである．一方で，「アクティブラーニングフェー

ズ」と「デザインフェーズ」はタイプ2にあたる．これは，これらのフェーズでは，次にブレーンストーミングをして発散させるのか，親和図を用いて収束させるのか，あるいはプロトタイピングを実施するのかといった思考の流れを，チームのメンバー自らが決めていくからである．

慶應 SDM では，タイプ3にあたる授業として，「イノベーティブワークショップデザイン論」という授業を，「デザインプロジェクト」を学んだ学生向けに用意している．ただし，これは必修科目ではなく，選択科目として，タイプ3のようなアドバンスなことを学びたい学生向けのものである．この授業では，ワークショップデザインの方法論を学んだのちに，実際に学生がワークショップをデザインし，外部の人を募集してワークショップを実施し，その振り返りを行うところまでを1年かけて実施する．この授業では，タイプ2を通じて経験的に学んだ思考の流れのデザインを，明示的に3階層のレイヤー構造として捉え直し，3階層をデザインすることで，思考の流れとワークショップの流れをデザインするというものである（図8-3）．具体的には目的レイヤー，方法論レイヤー，手法レイヤーから構成されており，ワークショップの目的をデザインしたのち，その目的を満たすための思考の発散と収束の組み合わせ，参加者の共感と相互理解の組み合わせをデザイン

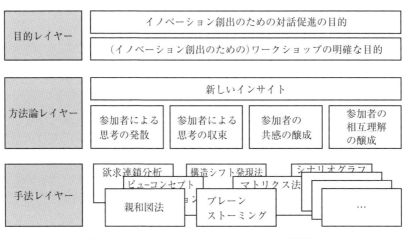

図8-3 ワークショップデザインのための3階層[3]

する．その後，その流れにあった手法を選んでいくことでワークショップをデザインするというアプローチになっている．このワークショップのデザイン自身は，デザイン思考のアプローチをよく理解し，それを実現するためにシステム思考的（目的指向的）に考えている．ワークショップは，思考の流れだけではないので，それ以外にすべき作業についても学ぶこととなる．

「システム×デザイン思考」の内容を体験的に知る機会として，2012年度以来，慶應イノベーティブデザインスクール（KiDS）と称してタイプ1の形式にて一般公開している．また，慶應丸の内シティキャンパスの講座やその他講座，企業研修，企業との共同研究などの形で外部向け講座開設や研究協力を行っている．タイプ2についても，企業研修，企業との共同研究などの形で行っており，実践的に活用したフィードバックを「デザインプロジェクト」の授業にかえすことで，授業そのものの進化を続けている．実際，「デザインプロジェクト」の授業内容は毎年更新され，これまで2年連続で全く同じ内容で教えたことがないほど，進化の早い授業となっている．これはひとえに，多くの企業や事業体と連携することで，我々のアプローチを実戦で活用することにより，内容をよりよいものにしていく取り組みを行っているからだと考えている．

5. おわりに

慶應SDMで行っている学問分野横断的なSDM学の教育・研究の概略を述べた．従来型の学問は，深く狭く学問の深化を目指す傾向があった．これに対し，SDM学では，さまざまな学問に横串を通す，まさに横断型基幹科学の視点からの教育・研究を行ってきた．両者（学問の深化を目指す方向と横串を通す学問分野横断の方向）はいずれも重要であり，補完し合いながら発展することが好ましいと考える．特に，SDM学は，学問分野を横断する学問自体の深化を目指しているという点でユニークであるので，今後もこの世界随一の学問を発展させていきたい．慶應SDMやSDM学についてさらに詳しい内容を知りたい方は，巻末の参考文献を参照されたい．

あとがき

　本書は，「横幹〈知の統合〉シリーズ」第三弾にあたる．

　本書の内容は，「はじめに」にもあるように，横幹創設時から続いている「横断型人財育成プログラム調査研究会」の成果である．

　人材育成，すなわち教育という問題は，横幹にとって，要となるものである．なぜなら，「知の統合」といい，「文理融合」といったところで，それが抽象的な概念レベルに止まっていては何の意味もないからである．これを具体的な実践へと接続し，さらに発展させていく人びとがいてこその「知の統合」であり，「文理融合」なのである．

　実際，学際的な領域の重要性は古くから論じられてきており，大学などに「知の統合」に関わる学部や研究組織が創られる例も少なくはない．しかし，残念ながら，成功例はまれである．

　というのも，これまでの研究者は，限定的な専門領域に特化した研究を行うことが一般的であり，その専門性によって研究者としての評価・地位を得てきた．したがって，新たな学際的研究組織を創ろうとするとき，そこに結集するのは，特定のディシプリンを深めた研究者たちであることも多い．そこで，「知の統合」にとって常に大きなハードルとなる，「言葉が通じない」「専門用語の意味が異なる」「分野によって認識枠組みや方法論も大きく異なる」などの問題がたちはだかり，期待されたはずの専門研究者同士の連携・協働がうまくいかないことも多い．そしてこのような状況では，「統合知」を専門とする若い研究者を育てることは不可能であり，従来型の個別の専門に特化した指導教員の下で，その再生産としての専門研究者しか育たないという事態に陥る．

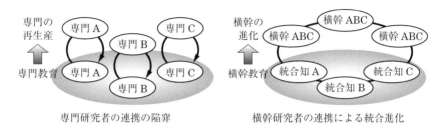

図　〈知の統合〉教育のための環境

　これに対して，「知の統合」に立脚した横幹型研究者たちは，連携の可能性が高く，その連携によって教育される若い研究者たちは，さらに進化した「知の統合」に立脚して，先に進むことができるのである（図）．

　本書はまさに，横断型基幹科学技術に深い関心をもち，これを身につけた研究者たちによる〈統合知〉を進化させる人材教育の書である．

　私自身，横断型人材育成プログラム調査研究会のメンバーであるが，思い起こせば，この研究会では，先進的な外資企業の役員の話や，「おもてなし」で有名な料亭など，さまざまな事例についても学び，目から鱗の体験をした．本書にも，そうしたサプライズがぎっしり詰まっている．

　本書の完成には，横断型人材育成プログラム調査研究会の主査である本多敏先生が尽力くださった．個性的な横幹型研究者たちのパワーを引き出し，力作をまとめられたのは，ひとえに本多先生のお力である．

　また，〈知の統合〉シリーズ創刊時から担当してくださっている，東京電機大学出版局編集課の坂元真理さんに深く感謝いたします．

2016 年 9 月

横幹〈知の統合〉シリーズ編集委員会

委員長　遠藤　薫

注

第3章

1. このマンガはオリジナルは文献[2]を改変したものだが，改変者および出典は不明．現在は「Project Cartoon」[3]にて "Ver 1.5" が公開されている．

第6章

1. Wikipedia, "The Voyage of the Space Beagle" (https://en.wikipedia.org/wiki/The_Voyage_of_the_Space_Beagle)．日本語訳が，ハヤカワ文庫と創元 SF 文庫に収められている．
2. 国立大学法人北陸先端科学技術大学院大学 (http://www.jaist.ac.jp/)．
3. 東京サテライトでは，従来型の半日のオリエンテーションを実施する．
4. 北陸先端大では，修士論文研究や博士論文研究を主テーマと呼び，それとは別に，比較的短期間で行う副テーマ研究を課している．グループ副テーマは，副テーマ研究をグループで実施するもので，知識科学研究科で先行的に実施していたものを，全学に広げたものである．従来型の一人で行う副テーマを選択することもできる．
5. 北陸先端大は 4 期制をとっている．
6. 石川キャンパスに限ると，2016 年 5 月の時点で，留学生比率は 5 割を越えている．そこで，全学オリエンテーションと必修講義は，日本語と英語で行っている．
7. 班は，日本語話者と英語話者に分けて構成している．必修講義の後半では，ロードマッピング演習を行うので，言葉の問題を避けるためである．しかし，言語選択を変えたいといってくる学生もおり，班構成は臨機応変に変えている．
8. 自然科学系では，引用した順番に番号を 1 から振って，番号順に参考文献の箇所に並べ，引用は振った番号で行うのが普通．一方，社会科学系では，引用した順番とは無関係に，著者名と年号をペアにして，ペアの識別子のアルファベット順に参考文献の箇所に並べ，引用はペアの識別子で行うのが普通．自分の専門の世界にどっぷり使っていると，このように違う引用の方式が世の中に併存していることすら，気づいていないだろう．
9. 東京サテライトでは，演習は「読み解きロードマップ」と名付けて実施しており，ロードマップを自分たちで探し，グループで読み解いて発表する．
10. 北陸先端大では，1 単位 = 7 コマ× 100 分授業．
11. このロードマップ例は，平成 27（2015）年の 9 月に，ロードマッピングの演習を試行したときのものである．

参考文献

はじめに

［1］ 日本技術者教育認定機構（JABEE）（http://www.jabee.org/）.

［2］ 日本学術会議「分野別参照基準と質保証の仕組み」（http://www.scj.go.jp/ja/member/iinkai/daigaku/pdf/5-3.pdf）.

［3］「技術者教育の外部認定制度に対する産業界の意識とニーズに関する調査」（http://www.google.co.jp/url?sa=t&rct=j&q=&esrc=s&source=web&cd=1&ved=0ahUKEwiqur2E8t7NAhUBkZQKHe-CB2kQFggcMAA&url=http%3A%2F%2Fwww.jabee.org%2Fpublic_doc%2Fdownload%2F%3Fdocid%3D10&usg=AFQjCNG3aQIYmpLpgECwymikYxhBiJw33Q&sig2=h4ovxOmwRpIqzUZyR8zyvQ）.

［4］ 日本経済団体連合会「産業界の求める人材像と大学教育への期待に関するアンケート結果」2011（https://www.keidanren.or.jp/japanese/policy/2011/005/honbun.pdf）.

［5］ 日本経済団体連合会「グローバル人材の育成・活用に向けて求められる取り組みに関するアンケート結果」2015（https://www.keidanren.or.jp/policy/2015/028_honbun.pdf）.

［6］ 経済産業省「社会人基礎力」（http://www.meti.go.jp/policy/kisoryoku/）.

［7］ 星千枝「21世紀スキルとしての問題解決力と国際的な評価の枠組み」（https://www.cret.or.jp/files/c86372ef0d2367b5ee2fb01195d0d7a8.pdf）.

［8］ 調査研究会「横断型人材育成」『横幹』Vol. 3, No. 1, 2009.

［9］ 調査研究会「卒業生からみた横断型人材育成プログラム」第4回横幹コンファレンス, OS, 2011.

第1章

［1］ エドワード・オズボーン・ウィルソン著, 山下篤子訳『知の挑戦――科学的知性と文化的知性の統合』, 角川書店, 2002.

［2］ 野中郁次郎（一橋大学名誉教授）・旭岡叡峻（（株）社会インフラ研究センター代表取締役）「対談「知識産業革命」は起きるのか」『Voice』5月号, 2014.

［3］ サリム・イスマエルほか著, 小林啓倫訳『シンギュラリティ大学が教える飛躍する方法』日経BP社, 2015.

［4］ 司馬遼太郎『義経 上／下』文春文庫, 2004.

［5］ P・F・ドラッカー著, 上田惇生訳『ポスト資本主義社会』ダイヤモンド社, 2007.

［6］ リッチ・カールガード著, 野津智子訳『グレートカンパニー』ダイヤモンド社, 2015.

［7］ ジョセフ・バウアーほか著, 峯村利哉訳『ハーバードが教える10年後に生き残る会社、

消える会社』徳間書店，2013.

［8］ マーティン・フォード著，秋山勝訳『テクノロジーが雇用の 75％を奪う』朝日新聞出版，2015.

［9］ 増谷文雄『釈尊のさとり』講談社，1979.

［10］ダニエル・ゴールマン著，土屋京子訳『フォーカス』日本経済新聞出版社，2015.

第 2 章

［1］ C. S. Holling, "Resilience and Stability of Ecological Systems", *Annual Review of Ecology and Systematics*，Vol.4，pp.1-23，1973.

［2］ A. Zolli and A. M. Healy, *RESILIENCE: Why Things Bounce Back*，Free Press，2012.

［3］ E. Hollnagel and D. D. Woods and N. Leveson（Eds.），*Resilience Engineering: Concepts and Precepts*，Ashgate，2006.

［4］ 内閣官房「国土強靱化」（http://www.cas.go.jp/jp/seisaku/kokudo_kyoujinka/）.

［5］ M. Bruneau, et al., "A Framework to Quantitatively Assess and Enhance the Seismic Resilience of Communities", *Earthquake Spectra*，Vol.19，No. 4，pp.733-752，2003.

［6］ D. D. Woods, *Essential Characteristics of Resilience*，Cap. 2，pp. 21-34，Ashgate，2006.

第 3 章

［1］ 有沢誠『岩波コンピュータサイエンス ソフトウェア工学（第 5 刷）』，岩波書店，1992.

［2］ *University of London Computer Center Newsletter*，No. 53，March 1973.

［3］ The Project Cartoon, "How Projects Really Work（Ver 1.5）"，（http://www.projectcartoon.com/）.

［4］ フィリップ・クルーシュテン著，藤拓監訳『ラショナル統一プロセス入門（第 2 版）』ピアソン・エデュケーション，2001. 原著は Philippe Kruchten, *The Rational Unified Process: An Introduction*，SecondEdition，Boston: Addison-Wesley，2000.

［5］ 大谷毅ほか「ミラノのクチュールメゾンの設計過程と後工程の関係について——プレタポルテの製造工程が製品設計に及ぼす影響」『服飾文化共同研究最終報告 2010』pp.124-135，2011.

［6］ 金炅屋・高寺政行・大谷毅「2A-02 衣服設計における熟達パターンメーカーの感性」図 2 デザイン画，第 9 回日本感性工学会春季大会予稿集，2014.

第 4 章

［1］ （社）日本経済団体連合会「今後の日本を支える高度 ICT 人材の育成に向けて」2011.

［2］ 國領二郎「今後育成が望まれる実践的 ICT 人材像とその育成に向けて産学官に期待される取組について」（https://www.keieiken.co.jp/events/2013/0314/pdf/130314_02.pdf）.

［3］ 経済産業省「産業構造審議会情報経済分科会人材育成ワーキンググループ報告書」2012.

［4］ 鈴木久敏・山本修一郎・本多敏・庄司裕子「横幹中長期ビジョン 2014 について」『横幹』Vol.9，No.1，pp.20-26，2015.

［5］J. A. シュムペーター著，塩野谷祐一ほか訳『経済発展の理論 上／下』岩波書店，1977.

［6］山本修一郎『ゴール指向による!! システム要求管理技法』ソフト・リサーチ・センター，2007.

［7］山本修一郎『アーキテクチャ論』三省堂書店オンデマンド，2013.

［8］山本修一郎『システムとソフトウェアの保証ケースの動向：要求工学』Kindle 版，2013.

［9］Henry Chesbrough，大前恵一朗訳『Open Innovation ハーバード流イノベーション戦略のすべて』産業能率大学出版部，2002.

［10］Boardman, J and B Sauser, *Systems Thinking: Coping with 21St Century Problems*, Boca Raton, FL: Taylor & Francis / CRC Press, 2008.

［11］Project Management Institute, Inc., *A Guide to the Project Management Body of Knowledge*, 2013.

［12］Winograd, T. and Flores, F., *Understanding Computers and Cognition: A New Foundation for Design*. Ablex, Norwood, NJ, 1986.

［13］山本修一郎「品質イノベーションとテスト」東京大学医療社会システム工学寄附講座・ベリサーブ共同シンポジウム「品質イノベーションの追求」2014.11.26.

［14］Tim Sauber, "Design And Implementation of a Concept of Structured Innovation Strategy Formulation", 2004.

第 5 章

［1］デカルト著，野田又夫訳『方法序説・情念論』中央公論社，1974.

［2］濱田嘉昭『科学的探究の方法』NHK 出版，2011.

［3］グロービス・マネジメント・インスティテュート『［新版］MBA クリティカル・シンキング』ダイヤモンド社，2005.

［4］茂木秀昭『ロジカル・シンキング入門』日本経済新聞社，2004.

［5］TQM 委員会『TQM–21 世紀の総合「質」経営』日科技連出版社，1998.

第 6 章

［1］エリック・ブリニョルフソン，アンドリュー・マカフィー著，村井章子訳『ザ・セカンド・マシン・エイジ』日経 BP 社，2015.

［2］リチャード・フロリダ著，井口典夫訳『新クリエイティブ資本論——才能が経済と都市の主役となる』ダイヤモンド社，2014.

［3］Robert Phaal, Clare Farrukh, David Probert, "Roadmapping for Strategg and Innovation：Aligning Technology and Markets in a Dynamic World", University of Cambridge, 2010.

［4］C・オットー・シャーマー，カトリン・カウファー著，由佐美加子・中土井僚訳『出現する未来から導く——U 理論で自己と組織，社会のシステムを変革する』英治出版，2015.

第 7 章

［1］M. Gibbons, C. Limoges, H. Nowotny, S. Schwartzman, P. Scott, and M. Trow, *The New Production of Knowledge: The Dynamics of Science and Research in Contemporary Societies*, London: Sage, 1994.

［2］ P. van den Besselaar and G. Heimeriks, "Disciplinary, Multidisciplinary, Interdisciplinary – Concepts and Indicators", *Paper for the 8th conference on Scientometrics and Informetrics – ISSI2001*, Sydney. Australia, July 16-20, 2001.

［3］ 文部科学省「専門職大学院設置基準」.

［4］ 産業技術大学院大学（http://aiit.ac.jp/）.

［5］ IPA（http://www.ipa.go.jp/jinzai/itss/index.html）.

第8章

［1］ 慶應 SDM（http://www.sdm.keio.ac.jp）.

［2］ 前野隆司編，『システム×デザイン思考で世界を変える 慶應 SDM「イノベーションのつくり方」』日経 BP 社，2013.

［3］ 文部科学省「イノベーション対話ツール」（http://www.mext.go.jp/a_menu/shinkou/sangaku/1347910.htm）.

［4］ 神武直彦・前野隆司・西村秀和・狼嘉彰，「学問分野を超えた「システムデザイン・マネジメント学」の大学院教育の構築──大規模・複雑システムの構築と運用をリードする人材の育成を目指して」『シンセシオロジー－構成学』Vol.3, No.2, pp.112-126, 2010.

［5］ 前野隆司『思考脳力の作り方──仕事と人生を革新する四つの思考法』角川新書，2010.

［6］ 保井俊之『「日本」の売り方──協創力が市場を制す』角川新書，2011.

索　引

編著者紹介

編者

横断型基幹科学技術研究団体連合
横幹〈知の統合〉シリーズ編集委員会

編集顧問	吉川 弘之	横幹連合名誉会長（2008 ～）. 国立研究開発法人科学技術振興機構特別顧問（2015 ～）.
	木村 英紀	横幹連合元会長（2009 ～ 2013）. 早稲田大学理工学術院招聘研究教授（2014 ～）.
	出口 光一郎	横幹連合元会長（2011 ～ 2016）. 東北大学名誉教授（2014 ～）.
	鈴木 久敏	横幹連合会長（2016 ～）. 大学共同利用機関法人情報・システム研究機構監事（2015 ～）.
編集委員会 委員長	遠藤 薫	横幹連合副会長（2013 ～）. 学習院大学法学部教授（2003～）,同政治学研究科委員長（2015～）, 日本学術会議会員（2014 ～）.
編集委員会 委員	安岡 善文	横幹連合元副会長（2010 ～ 2013）. 科学技術振興機構 SATREPS（地球規模課題対応研究プログラム）研究主幹（2011 ～）, 国際環境研究協会環境研究総合推進費等研究主監（2015 ～）.
	舩橋 誠壽	横幹連合副会長（2015 ～）. 北陸先端科学技術大学院大学知識科学研究科シニアプロフェッサー（2012 ～）.
	本多 敏	横幹連合理事（2015 ～）. 慶應義塾大学理工学部教授（1998 ～）.

吉川 弘之（よしかわ・ひろゆき）［編集顧問］

横幹連合	会長（2003 〜 2007），名誉会長（2008 〜）．
所属学会	精密工学会 元会長．
最終学歴	東京大学工学部精密工学科卒業（1956），工学博士（1964）．
職　　歴	三菱造船入社（1956），株式会社科学研究所（現 理化学研究所）入所（1956），東京大学工学部助教授（1966），英国バーミンガム大学客員研究員（1967），東京大学学長補佐（1971），ノルウェー国立工科大学客員教授（1977），東京大学工学部教授（1978），同評議員（1987），同工学部長（1989），同学長特別補佐（1991），同総長（1993），文部省学術国際局学術顧問（1997），日本学術会議会長（1997），日本学術振興会会長（1997），放送大学長（1998），国際科学会議会長（1999），独立行政法人産業技術総合研究所理事長（2001），独立行政法人科学技術振興機構研究開発戦略センターセンター長（2009），日本学士院会員（2014）．
現　　在	国立研究開発法人科学技術振興機構特別顧問（2015 〜）．
主な著書	『信頼性工学』（コロナ社，1979），『ロボットと人間』（日本放送出版協会，1985），『テクノグローブ』（工業調査会，1996），『テクノロジーと教育のゆくえ』（岩波書店，2001），『科学者の新しい役割』（岩波書店，2002），『本格研究』（東京大学出版会，2009）．

木村 英紀（きむら・ひでのり）［編集顧問］

横幹連合	副会長（2005 〜 2009），会長（2009 〜 2013）．
所属学会	計測自動制御学会 元会長．
最終学歴	東京大学工学系大学院博士課程（1970），工学博士．
職　　歴	大阪大学基礎工学部助手，助教授（1970 〜 1986），同工学部教授（1986 〜 1995），東京大学工学部教授（1995 〜 2000），同新領域創成科学研究科教授（2000 〜 2004），理化学研究所バイオミメティックコントロール研究センター生物制御研究室長（2002 〜 2009），同 BSI 理研トヨタ連携センター長（2009 〜 2013），科学技術振興機構研究開発戦略センター上席フェロー（2009 〜 2015）．
現　　在	早稲田大学理工学術院招聘研究教授（2014 〜）．
主な著書	『ロバスト制御』（コロナ社，2000），『制御工学の考え方』（講談社ブルーバックス，2002），『ものつくり敗戦』（日本経済新聞出版社，2009），『世界を制する技術思考』（講談社，2015）．

出口 光一郎（でぐち・こういちろう）［編集顧問］

横幹連合	理事（2003 ～ 2010），会長（2011 ～ 2016）．
所属学会	計測自動制御学会，情報処理学会，電子情報通信学会，日本ロボット学会，形の科学会，IEEE．
最終学歴	東京大学大学院工学系研究科修士課程修了（1976），工学博士．
職　歴	東京大学工学部助手，講師，山形大学工学部助教授（1976 ～），東京大学工学部計数工学科助教授（1988），東北大学情報科学研究科教授（1999）．
現　在	東北大学名誉教授（2014 ～）．
主な著書	『コンピュータビジョン』（丸善，1989），『画像と空間――コンピュータビジョンの幾何学』（昭晃堂，1991），『ロボットビジョンの基礎』（コロナ社，2000），『画像認識論講義』（昭晃堂，2002），『Mathematics of Shape Description: A Morphological Approach to Image Processing and Computer Graphics』（John Wiley & Sons，2008），『センシングのための情報と数理』（共著，コロナ社，2008）．

鈴木 久敏（すずき・ひさとし）［編集顧問］

横幹連合	理事（2004 ～ 2007，2015 ～ 2016），副会長（2008 ～ 2009，2013 ～ 2014），監事（2010），会長（2016 ～）．
所属学会	日本オペレーションズ・リサーチ学会 元理事，日本経営工学会 元副会長．
最終学歴	東京工業大学大学院（1976）．
職　歴	東京工業大学助手（1976 ～ 1988），筑波大学助教授，教授，研究科長，理事・副学長（2009 ～ 2013），独立行政法人科学技術振興機構研究開発戦略センター特任フェロー，フェロー（2013 ～ 2015）．
現　在	大学共同利用機関法人情報・システム研究機構監事（2015 ～）．
主な著書	『整数計画法と組合せ最適化』（編著，日科技連出版社，1982），『オペレーションズ・リサーチⅠ』（共著，朝倉書店，1991），『ビジネス数理への誘い』（共著，朝倉書店，2003），『マーケティング・経営戦略の数理』（共著，朝倉書店，2009）．

遠藤 薫（えんどう・かおる）［編集委員会委員長］

横幹連合	副会長（2013 ～），理事（2007 ～）．
所属学会	社会情報学会 副会長（日本社会情報学会 元会長），日本社会学会 理事，社会学系コンソーシアム 理事長，情報通信学会 元副会長，シミュレーション＆ゲーミング学会，数理社会学会，文化資源学会，日本マス・コミュニケーション学会，日本ポピュラー音楽学会．
最終学歴	東京工業大学大学院博士後期課程修了（1993），博士（学術）．

職　　歴	信州大学人文学部助教授（1993），東京工業大学大学院社会理工学研究科助教授（1996）.
現　　在	学習院大学法学部教授（2003 ～），同政治学研究科委員長（2015 ～），日本学術会議会員（2014 ～）.
主な著書	『電子社会論』（実教出版，2000），『インターネットと〈世論〉形成』（編著，東京電機大学出版局，2004），『間メディア社会と〈世論〉形成』（東京電機大学出版局，2007），『社会変動をどう捉えるか 1 ～ 4』（勁草書房，2009 ～ 2010），『大震災後の社会学』（編著，講談社，2011），『メディアは大震災・原発事故をどう語ったか』（東京電機大学出版局，2012），『廃墟で歌う天使』（現代書館，2013），『間メディア社会における〈ジャーナリズム〉』（編著，東京電機大学出版局，2014），『ソーシャルメディアと〈世論〉形成』（編著，東京電機大学出版局，2016），ほか多数.

安岡　善文（やすおか・よしふみ）[編集委員会委員]

横幹連合	副会長（2010 ～ 2013），監事（2013 ～）.
所属学会	日本リモートセンシング学会 会長，日本写真測量学会，計測自動制御学会，環境科学会，米国電気電子工学会（IEEE），ほか.
最終学歴	東京大学大学院工学系研究科計数工学専攻博士課程修了（1975），工学博士.
職　　歴	国立環境研究所総合解析部総合評価研究室長（1987），同社会環境システム部情報解析研究室室長（1990），同地球環境研究センター総括研究管理官（1996），東京大学生産技術研究所教授（1998），独立行政法人国立環境研究所理事（2007）.
現　　在	科学技術振興機構 SATREPS（地球規模課題対応研究プログラム）研究主幹（2011 ～），国際環境研究協会環境研究総合推進費等研究主監（2015 ～），ほか.

舩橋　誠壽（ふなばし・もとひさ）[編集委員会委員]

横幹連合	理事（2009 ～），事務局長（2010 ～ 2014），副会長（2015 ～）.
所属学会	計測自動制御学会 名誉会員・フェロー，電気学会 終身会員・フェロー，日本知能情報ファジィ学会 名誉会員.
最終学歴	京都大学大学院工学研究科数理工学専攻修士課程修了（1969），京都大学工学博士（1990）.
職　　歴	株式会社日立製作所（1969 ～ 2010），中央研究所，システム開発研究所で研究員，主任研究員，主管研究員，主管研究長等を歴任，京都大学大学院情報学研究科数理工学専攻応用数理モデル分野客員教授（2003 ～ 2008），独立行政法人国立環境研究所監事（2007 ～ 2011）.
現　　在	北陸先端科学技術大学院大学知識科学研究科シニアプロフェッサー（2012 ～）.

主な著書 　　『ニューロコンピューティング入門』（オーム社，1992），『システム制御のための知的情報処理』（共著，朝倉書店，1999），『ネットベースアプリケーション』（編著，裳華房，2002），『横断型科学技術とサービスイノベーション』（共編著，近代科学社，2010）.

本多 敏（ほんだ・さとし）［編集委員会委員］

横幹連合	理事（2006 〜 2009，2015 〜）.
所属学会	公益社団法人計測自動制御学会 元理事・元会長，日本応用数理学会，IEEE.
最終学歴	東京大学工学部（1975）.
職　　歴	東京大学工学部助手（1975 〜 1986），東京大学工学部講師（1986），熊本大学工学部助教授（1986 〜 1990），慶應義塾大学理工学部助教授（1990 〜 1998）.
現　　在	慶應義塾大学理工学部教授（1998 〜）.
主な著書	『Mn'M Workbook 3: Future Urban Intensities』（編著, flick studio, 2014），『センシングのための情報と数理』（共著，コロナ社，2008），『計測工学ハンドブック』（共著，朝倉書店，2001）.

著者（執筆順）

本多 敏（ほんだ・さとし）［はじめに］

横幹連合	理事（2006 ～ 2009, 2015 ～）.
所属学会	公益社団法人計測自動制御学会 元理事・元会長, 日本応用数理学会, IEEE.
最終学歴	東京大学工学部（1975）.
職　歴	東京大学工学部助手（1975 ～ 1986）, 東京大学工学部講師（1986）, 熊本大学工学部助教授（1986 ～ 1990）, 慶應義塾大学理工学部助教授（1990 ～ 1998）.
現　在	慶應義塾大学理工学部教授（1998 ～）.
主な著書	『Mn'M Workbook 3: Future Urban Intensities』（編著, flick studio, 2014）, 『センシングのための情報と数理』（共著, コロナ社, 2008）, 『計測工学ハンドブック』（共著, 朝倉書店, 2001）.

旭岡 叡峻（あさひおか・えいしゅん）［第 1 章］

横幹連合	企画理事（2005 ～ 2006）.
所属学会	研究・イノベーション学会 参与（元副会長）, 長期滞在型・ロングステイ観光学会 理事.
最終学歴	東京大学経済学部卒業（1971）.
職　歴	（株）東芝（1971 ～ 1999）.
現　在	（株）社会インフラ研究センター代表取締役社長（2001 ～）.
主な著書	『ビジネスウォーゲーム』（共訳, 東京書籍, 1986）, 『デファクトスタンダードの本質』（共著, 有斐閣, 2000）, 『ビジネスモデルイノベーション』（共著, 東洋経済新報社, 2012）.

古田 一雄（ふるた・かずお）［第 2 章］

所属学会	日本シミュレーション学会 副会長.
最終学歴	東京大学大学院工学系研究科博士課程修了（1986）, 工学博士.
職　歴	（財）電力中央研究所（1986）, 東京大学講師（1987）, 同助教授（1989）.
現　在	東京大学大学院工学系研究科教授（1999 ～）.
主な著書	『安全学入門』（共著, 日科技連, 2007）, 『ヒューマンファクター 10 の原則』（日科技連, 2008）, 『システム理論 I』（共著, 丸善, 2015）, 『Reflections on the Fukushima Daiichi Nuclear Accident』（共著, Springer Open, 2014）.

庄司 裕子（しょうじ・ひろこ）［第 3 章］

横幹連合	理事（2012 ～ 2016），監事（2016 ～）．
所属学会	日本感性工学会 副会長，情報処理学会，人工知能学会，日本認知科学会．
最終学歴	東京大学大学院工学系研究科博士課程終了（2002），博士（工学）．
職　歴	川村学園女子大学教育学部専任講師（1996 ～ 2000），同助教授（2000 ～ 2004），中央大学理工学部助教授（2004 ～ 2007），同准教授（2007 ～ 2011）．
現　在	中央大学理工学部教授（2011 ～）．
主な著書	『知の科学 意思決定支援とネットビジネス』（共著，オーム社，2005），『遊びとおしゃれとヒューマンメディア——感性の時代が求める人間指向のメディアとは？』（トッパン，1999）．

山本 修一郎（やまもと・しゅういちろう）［第 4 章］

所属学会	プロジェクトマネジメント学会 中部支部長，日本情報経営学会，人工知能学会 知識流通ネットワーク研究会主査，情報処理学会，電子情報通信学会．
最終学歴	名古屋大学（2000），博士（工学）．
職　歴	日本電信電話公社入社（1979），NTT 情報流通プラットフォーム研究所主幹研究員（1999），(株)NTT データ技術開発本部副本部長（2002），同社初代フェロー・技術開発本部・システム科学研究所所長（2007）．
現　在	名古屋大学大学院情報科学研究科教授（2009 ～）．
主な著書	『要求定義・要求仕様書の作り方』（ソフト・リサーチ・センター，2006），『ゴール指向による!! システム要求管理技法』（ソフト・リサーチ・センター，2007），『すりあわせの技術』（ダイヤモンド社，2009），『CMC で変わる組織コミュニケーション』（NTT 出版，2010），『現代エンタープライズ・アーキテクチャ概論―ArchiMate 入門』（デザインエッグ，2016）．

長田 洋（おさだ・ひろし）［第 5 章］

横幹連合	理事（2005 ～ 2007，2012 ～ 2014）．
所属学会	日本 MOT 学会 元会長，日本品質管理学会 元理事，米国品質管理学会（ASQ）．
最終学歴	東京工業大学大学院理工学研究科博士課程修了（1998），博士（工学）．
職　歴	旭化成(株)特殊樹脂開発部長（1993），(株)旭リサーチセンター取締役（1998），山梨大学工学部循環システム工学科教授（1999），東京工業大学大学院イノベーションマネジメント研究科教授（2005）．
現　在	文教大学情報学部情報社会学科教授（2014 ～），東京工業大学名誉教授（2013 ～）．
主な著書	『TQM 時代の戦略的方針管理』（編著，日科技連出版社，1996），『企業革新を導く経営システムの自己評価』（編著，日本規格協会，2001），『ベス

トプラクティス企業——絶えまない進化と活力の創造』（日科技連出版社，2003），『小集団活動の自己評価方法』（編著，日本規格協会，2010），『ものづくり日本の品質力』（編著，日科技連出版社，2010），『革新的課題解決法』（編著，日科技連出版社，2011）.

神田　陽治（こうだ・ようじ）［第6章］

所属学会	情報処理学会，電子情報通信学会，日本ソフトウェア科学会，サービス学会，電気学会.
最終学歴	東京大学工学系研究科情報工学博士課程修了（1986），工学博士.
職　歴	富士通(株)国際情報社会科学研究所（1986），(株)富士通研究所（1997），富士通(株)FI特命PJ員（2007），(株)富士通総研フィールド・イノベータ（2008），富士通(株)フィールド・イノベータ（2009）.
現　在	北陸先端科学技術大学院大学先端科学技術研究科知識科学系教授（2011〜）.
主な著書	『知識社会で活躍しよう』（共著，社会評論社，2014），『Knowledge and System-Based Science for Service Innovation』（共著，IGI Global，2013），『「産業のサービス化論」へのアプローチ』（共著，社会評論社，2010），『わかる！インスタントメッセージング』（オーム社，2002），『インタフェース大作戦——グループウェアとビジュアルインタフェース』（編著，共立出版，1995）.

西中　美和（にしなか・みわ）［第6章］

所属学会	研究・イノベーション学会，日本経営工学会，日本認知科学会，プロジェクトマネジメント学会，Association for Institutional Research（AIR）.
最終学歴	北陸先端科学技術大学院大学博士後期課程修了（2015），博士（知識科学）.
職　歴	日本アイ・ビー・エム(株)（1986），北陸先端科学技術大学院大学研究員（2015）.
現　在	総合研究大学院大学 特任准教授（2016）.

川田　誠一（かわた・せいいち）［第7章］

所属学会	計測自動制御学会 フェロー，日本機械学会，IEEE.
最終学歴	大阪大学工学研究科博士後期課程単位取得退学（1982），工学博士（1983）.
職　歴	大阪大学工学部助手（1982），東京都立大学工学部助手（1986），同工学部助教授（1990），同大学院工学研究科助教授（1991），同大学院工学研究科教授（2000），公立大学法人首都大学東京システムデザイン学部教授（2005），公立大学法人首都大学東京産業技術大学院大学研究科長・教授（2006），公立大学法人首都大学東京・産業技術大学院大学学長（2016）.
現　在	公立大学法人首都大学東京副理事長，産業技術大学院大学学長.

主な著書 　『計算力学 [II]——計算力学と AI』（執筆分担，養賢堂，1991），『システムの
　　　　　　モデリングと非線形制御』（共著，コロナ社，1996）.

白坂 成功（しらさか・せいこう）［第 8 章］

所属学会 　日本創造学会 副評議員長，INCOSE（International Council on Systems
　　　　　　Engineering）日本支部理事，日本航空宇宙学会.

最終学歴 　慶應義塾大学大学院システムデザイン・マネジメント研究科博士課程修了
　　　　　　（2012），博士（システムエンジニアリング学）.

職　　歴 　三菱電機（株）（1994 〜 2010），慶應義塾大学理工学部非常勤講師（2004 〜
　　　　　　2008），慶應義塾大学システムデザイン・マネジメント研究科非常勤准教授
　　　　　　（2008 〜 2010）.

現　　在 　慶應義塾大学システムデザイン・マネジメント研究科准教授（2010 〜）.

主な著書 　『システム×デザイン思考で世界を変える 慶應 SDM「イノベーションのつく
　　　　　　り方」』（共著，日経 BP 社，2014），『システムズモデリング言語 SysML』（共訳，
　　　　　　東京電機大学出版，2012），『エンジニアリングシステムズ——複雑な技術社
　　　　　　会において人間のニーズを満たす』（共訳，慶應義塾大学出版会，2014）.

遠藤 薫（えんどう・かおる）［あとがき］

横幹連合 　副会長（2013 〜），理事（2007 〜）.

所属学会 　社会情報学会 副会長（日本社会情報学会 元会長），日本社会学会 理事，社会
　　　　　　学系コンソーシアム 理事長，情報通信学会 元副会長，シミュレーション＆
　　　　　　ゲーミング学会，数理社会学会，文化資源学会，日本マス・コミュニケーショ
　　　　　　ン学会，日本ポピュラー音楽学会.

最終学歴 　東京工業大学大学院博士後期課程修了（1993），博士（学術）.

職　　歴 　信州大学人文学部助教授（1993），東京工業大学大学院社会理工学研究科助
　　　　　　教授（1996）.

現　　在 　学習院大学法学部教授（2003 〜），同政治学研究科委員長（2015 〜），日本
　　　　　　学術会議会員（2014 〜）.

主な著書 　『電子社会論』（実教出版，2000），『インターネットと〈世論〉形成』（編著，
　　　　　　東京電機大学出版局，2004），『間メディア社会と〈世論〉形成』（東京電機
　　　　　　大学出版局，2007），『社会変動をどう捉えるか 1 〜 4』（勁草書房，2009 〜
　　　　　　2010），『大震災後の社会学』（編著，講談社，2011），『メディアは大震災・
　　　　　　原発事故をどう語ったか』（東京電機大学出版局，2012），『廃墟で歌う天使』（現
　　　　　　代書館，2013），『間メディア社会における〈ジャーナリズム〉』（編著，東京
　　　　　　電機大学出版局，2014），『ソーシャルメディアと〈世論〉形成』（編著，東
　　　　　　京電機大学出版局，2016），ほか多数.

【横幹〈知の統合〉シリーズ】

価値創出をになう人材の育成
コトつくりとヒトつくり

2016 年 11 月 10 日　第 1 版 1 刷発行　　　　ISBN 978-4-501-63020-1 C3000

編　者　横幹〈知の統合〉シリーズ編集委員会
著　者　本多敏・旭岡叡峻・古田一雄・庄司裕子・山本修一郎・長田洋・
　　　　神田陽治・西中美和・川田誠一・白坂成功・遠藤薫
　　　　©TraFST "Knowledge Integration" Series Editorial Board,
　　　　Honda Satoshi, Asahioka Eishun, Furuta Kazuo, Shoji Hiroko,
　　　　Yamamoto Shuichiro, Osada Hiroshi, Kohda Youji, Nishinaka Miwa,
　　　　Kawata Seiichi, Shirasaka Seiko, Endo Kaoru 2016

発行所　学校法人 東京電機大学　〒120-8551　東京都足立区千住旭町 5 番
　　　　東京電機大学出版局　　　〒101-0047　東京都千代田区内神田 1-14-8
　　　　　　　　　　　　　　　　Tel. 03-5280-3433(営業) 03-5280-3422(編集)
　　　　　　　　　　　　　　　　Fax. 03-5280-3563 振替口座 00160-5-71715
　　　　　　　　　　　　　　　　http://www.tdupress.jp/

組版：徳保企画　　印刷：(株)加藤文明社　　製本：誠製本(株)
装丁：小口翔平＋岩永香穂（tobufune）
落丁・乱丁本はお取り替えいたします。　　　　　　Printed in Japan